ギリシャ
Greece

Turkey
トルコ

シリア
Syria

Eastern Mediterranean
東地中海

Lebanon
レバノン

Israel
イスラエル

Jordan
ヨルダン

エジプト
Egypt

ロシア
Russia

ジョージア、
Georgia

アゼルバイジャン
Azerbaijan

アルメニア、
rmenia

Caspian Sea
カスピ海

Turkmenistan
トルクメニスタン

ダブリーズ ●

● ラシュト

マシュハド ●

Afghanistan
アフガニスタン

● テヘラン

イラン
Iran

ケルマンシャー ●

イスファハーン ●

イラク
Iraq

ヤズド ●

アフヴァーズ ●

ザーヒダン ●

ザグロス山脈

● シーラーズ

Pakistan
パキスタン

クウェート
Kuwait

バンダレアッバース ●

Persian Gulf
ペルシャ湾

カタール
Qatar

UAE
アラブ首長国連邦

Saudi Arabia
サウジアラビア

Oman
オマーン

家庭で楽しむ ペルシャ料理

レザ ラハバ　長谷川朝子

河出書房新社

Contents
もくじ

004 はじめに
「最高のシェフは家庭にあり」
005 ペルシャ料理の特徴

chapter 1
フルーツ、ナッツがおいしい料理
008 フェセンジュン
（ザクロとクルミと鶏肉のコレシュ）
010 リンゴと鶏肉のコレシュ
011 プルーンと野菜とラム肉の重ね煮
012 イチジクのサラダ
013 ドライフルーツとナッツのサラダ
014 ビワと鶏肉の煮込み
015 白身魚のオレンジサフランソース添え
016 ピスタチオのスープ
018 さくらんぼのポロ

020 *Persian Style*
ペルシャンライスについて
〜チェロ（ポロ）とカテ（ダミ）〜

chapter 2
ハーブたっぷり料理
024 白身魚のハーブとベリーはさみ焼き
025 5種のハーブのポロ
026 ハーブとサバのポロ
028 5種のハーブとマトンのコレシュ
029 3種のハーブとブリのコレシュ
030 ハーブオムレツ
030 香菜のお粥
031 ハーブとチーズのナンロール
032 タブリーズの
ハーブ入りライスボール

034 *Persian Style*
ナンについて
〜ナンバルバリとナンタベ〜

chapter 3
野菜たっぷり料理
038 ペルシャンロールキャベツ
040 野菜スープ
041 小玉ねぎと海老のタマリンドソース煮
042 焼きなすとトマトの卵料理
043 ピーマンライス
044 にんじんと鶏肉のポロ
046 野菜と卵を使った拝火教徒のカレー
047 キャベツと鶏肉のポロ
048 シーラーズサラダ
049 じゃがいもとハーブのパティ
050 セロリのコレシュ
051 ビーツサラダ　オリーブオイル仕立て
052 ロメインレタスのスイートディップ

chapter 4
ヨーグルトを使った料理
054 ヨーグルトとミートボールのコレシュ
056 ヨーグルトチーズディップ
057 きゅうりのヨーグルトサラダ
057 ビーツのヨーグルトサラダ
058 ほうれん草とヨーグルトのペースト
059 なすペーストとヨーグルトソース
060 ベリーと鶏肉のライスケーキ
061 クルミとハーブ、ヨーグルトのスープ

chapter 5
体にやさしい豆料理
066 ひよこ豆とラムのスープ
068 うずら豆とマジョラムの煮込み
069 緑豆のポロ

070	豆とオクラとマトンのコレシュ
072	ひよこ豆とヨーグルトのペースト
073	ダル（豆カレー）
074	レンズ豆と麦となすのペースト
075	そら豆のペースト
076	レンズ豆と海老のポロ
077	そら豆とディルのポロ
078	レンズ豆のスープ

chapter 6
ペルシャンスイーツ

080	バラ水のライスクッキー
081	デーツのスペシャルソース添え
082	サフランタフィ
083	クミン入り焼き菓子
084	サフランプディング
084	牛乳のライスカスタード
085	クリーミィライスプディング
085	バラ水の小麦あん

086 Persian Style
ペルシャンドリンク
〜ハーバルドリンク＆ソフトドリンク〜

chapter 7
旬の素材でジャム＆ピクルス

090	バラの花びらのジャム
091	かりんのジャム
091	にんじんとアーモンドのジャム
092	柿のピクルス
093	きゅうりのピクルス
093	野菜のピクルス

Special
ペルシャンホームパーティー

098	ペルシャン アラカルト
099	ピクルスと鶏肉と卵のポテトサラダ
100	麺の入ったポロ
102	白子サンド
104	ペルシャン焼きおにぎり

105 Persian Style
ペルシャの食事風景
〜外での食事と毎日の食卓〜

| 108 | ペルシャ料理に使うスパイス＆ハーブ |
| 110 | ペルシャ料理に使う食材取り扱い店 |

| 111 | おわりに |

Persian Column

062	絨毯
063	ルンギ／刺繍
064	詩／花
094	陶器／タイル
095	グラス／ジュエリー
096	ブルー／バザール

本書のレシピ内の表記について

- ◆ 材料の分量は2〜3人分を目安にしています。
- ◆ 計量スプーンは大さじ1＝15㎖、小さじ1＝5㎖、計量カップは1カップ＝200㎖です。
- ◆ 計量の仕方、加熱時間、使用する調味料などにより、仕上がりの味付けに多少違いが出てきます。
- ◆ オリーブオイルとサラダオイルはどちらを使用しても構いません。お好みのものをお使いください。
- ◆ スパイスは特に指定がない場合はパウダーを使用しています。
- ◆ 記載のペルシャ料理名は、著者が家庭で教わってきたものです。

はじめに

「最高のシェフは家庭にあり」

ペルシャ料理は、古代ペルシャから続く
ゆったりとした時間の中で育まれ、
各家庭で脈々と伝えられてきた、とても豊かな料理。
イランには「最高のシェフは家庭にあり」という言葉があります。
家族においしい料理をふるまい、
また、10人、20人の来客にびくともせずに、
大きなテーブルを色とりどりの料理でいっぱいにして
もてなしてきたのは、各家庭のお母さん。
彼女たちこそが「最高のシェフ」なのです。
一品一品に工夫を凝らした飾り付けとエレガントな味に
誰もが満ち足りた気持ちになります。
そんな料理の数々を脈々と受け継いできた彼女たちは
こんなことをささやきます。

「おいしいレシピには魔法がある。
　どんどん広がって人を幸せにする」

いつもの食材の
思いがけない組み合わせで出来上がる
ペルシャのエスプリを丸ごと味わってください。

レザ ラハバ　長谷川朝子

Characteristics

ペルシャ料理の特徴

I
豊富なフルーツ ＆ハーブ

旬のフルーツやハーブは、イランでは野菜や肉、魚と肩を並べる主役の食材。日本では主に薬草として考えられているハーブも、イランでは"野菜"。ほかの野菜と並んで、たくさん売られています。

ペルシャ原産のフルーツや野菜、ナッツ類はとても多く、ほうれん草、にんじん、クルミ、小麦など多種にわたります。日本で親しまれている食材も多く、たとえば、果物の"ザクロ"。この語源はイランのザグロス山脈だといわれています。

これらの旬のフルーツやハーブをたっぷりと使うのがペルシャ料理の魅力。これほど多用する料理は他にあまり類を見ません。そのまま料理に使う以外に、保存用として乾燥させたり、瓶詰めにしたり、ペースト状にしたりと加工方法もバラエティに富んでいます。

II
思いがけない 食材の組み合わせ

フルーツやハーブ、ヨーグルトや豆を使った料理が多いペルシャ料理。その食材の組み合わせ方も特徴の一つです。たとえば、「リンゴと鶏肉」のようにフルーツと肉を一緒に使ったり、「なすとヨーグルト」のように野菜とヨーグルトを一緒に使ったり。日本でもなじみのある食材が、独特の組み合わせ方によって、新鮮な料理として楽しめます。

III
温・冷・乾・湿のバランス

イランでは食材の持つ性質を、温、冷、乾、湿の4つに分けて考えます。

たとえば、イランで日常的に食べるチーズとクルミの組み合わせ。チーズの性質は冷性、クルミは温性なので、バランスのとれた組み合わせだといえるでしょう。各料理に使われる素材の組み合わせは、この考え方に基づいているのです。

また、夏の暑い時期には冷性であるヨーグルトときゅうりを使ったサラダを食べるとか、湿度の高いときには乾の性質を持つにんにくを使った料理を食べるなど、気候や人それぞれの体質、体調に合わせて応用していきます。

このような考え方は、家庭の中で幼いころから見聞きして覚え、自然と身に付ける形で、長く伝承されてきました。

IV

穏やかなスパイス

　イランを代表する香りともいえるバラ水(ローズウォーター)は、バラの花びらを蒸留した優雅な香り。ペルシャを代表する学者イブンシーナは、約1000年前に芳香植物の蒸留法を作り上げたといわれています。お客さまを招くときに使ったり、スイーツや紅茶に数滴落としたりと、古くから生活の中に取り入れられてきました。

　バラ水をはじめ、ペルシャ料理に使われるスパイスは穏やかなものが多いのです。シナモンやカルダモン、ターメリック、クミンをはじめ、特産品でもあるサフランの雌しべなどを料理に使えば、やさしい芳香とともにそれぞれの薬効も期待できます。

　これらのアロマティックなスパイスが、絶妙な食材の組み合わせにさらに加わり、いっそうエレガントな風味を作り出してくれるのです。

V

始まりは起源前

　古代ローマの遺跡の記述に、ペルシャ料理の名前があります。今でいう国際見本市のような催しで各国の代表にペルシャ料理がふるまわれた、という内容。ペルシャ料理の歴史は紀元前に始まったともいわれ、7世紀には今のペルシャ料理の原型が出来上がっていたといいます。インド、トルコ、ヨーロッパなどの周辺の各国料理にも大きな影響を与えました。

VI

「ヌシェジャン」という言葉

　ペルシャには「ヌシェジャン」という言葉があります。これはペルシャ料理の神髄ともいえる言葉。たとえば、こんな場面で使われます。どこかのお宅でふるまわれた料理に対して「とてもおいしい!」と食べた人がいうと、料理をした人が「ヌシェジャン」と答えます。「ヌシェジャン」の意味はなんでしょう?

　それは「あなたの健康のために」。

　古来よりペルシャでは食が心と体を育むといわれているのです。

VII

「急ぐのは悪魔の仕業」

　イラン人なら必ず聞き覚えのある言葉「急ぐのは悪魔の仕業」。特に食事時によく聞く言葉です。イランでは、料理を作るにも食事をするにも、決して急ぐことがなく、ゆっくりとしています。

　山積みにした季節のハーブを葉と茎に分け、やわらかい部分は生食用に、残りはその日の料理用と保存用に乾燥させます。山盛りのそら豆のさやを開けば、極上のクッションに包まれたういういしい豆の姿に思わず顔もほころびます。

　旬の食材にゆっくりと向き合うと、食べ終えるころには体の奥まで季節が染み込むような気がします。

chapter 1

میوه و آجیل

フルーツ、ナッツがおいしい料理

ペルシャ料理では、フルーツが
野菜や肉などの素材と肩を並べて使われます。
たとえば、リンゴと鶏肉のコレシュは、
リンゴを桃に、オレンジに、さくらんぼに、あんずに、かりんにと
季節の果物へと替えてゆくのです。
思いがけない組み合わせで、料理の世界がぐんと広がります。

KHORESH-E FESENJAN
コレシュ エ フェセンジュン

フェセンジュン
(ザクロとクルミと鶏肉のコレシュ)

一度食べたら虜になる味。
おもてなし料理の王様です。白米かサフランライスといただきます。

◆材料

クルミ	180g
ザクロペースト	80㎖
鶏もも	300g
※または鶏骨ぶつ切り400g	
玉ねぎ	中1個
サラダオイル	小さじ2
バター	10g
ターメリック	小さじ1/3
粗挽きこしょう	適量
塩	小さじ1/2
ザクロの実	適宜
A サフラン水	熱湯大さじ2にサフランひとつまみ
砂糖	大さじ1½
シナモン	小さじ1

◆作り方

下ごしらえ

1 フライパンでクルミを中火で3分くらいから炒りする。焦げないように注意。フードプロセッサーで細かくする。

2 鶏もも肉は一口大に切る。玉ねぎは細かく刻む。

炒める

3 鍋にサラダオイルとバターを熱し、玉ねぎをきつね色になるまで炒める。ターメリックと鶏もも肉を加えて軽く炒めたら、粗挽きこしょう、塩、1のクルミの順で加え、3分間中火で炒める。

煮込む

4 3の鍋に500㎖の水を注ぐ。沸騰したら火を弱め、時々かき混ぜながら、ふたをずらして45分煮込む。

5 Aとザクロペースト、水100㎖を加える。沸騰したら弱火にし、ふたをずらしてさらに30分煮込む。甘み、酸み、塩みをお好みに調える。お好みでザクロの実(分量外)を飾る。

KHORESH-E SIB
コレシェ スィブ

リンゴと鶏肉のコレシュ

「果物は料理の主役にもなれる」というのを実感できる一品です。
リンゴでなくても、季節の果物でおいしくいただけます。

◆材料

鶏もも肉（骨つきでも可）	300g
リンゴ	1個
玉ねぎ	中1個
ドライアプリコット（またはあんず生）	6個くらい
バター	大さじ½
オリーブオイル	大さじ1
A シナモン	小さじ½
粗挽きこしょう	適宜
小麦粉	小さじ1
サフラン	ひとつまみ
塩	小さじ¼
レモン汁	大さじ1

◆作り方

下ごしらえをする

1 鶏もも肉とリンゴは食べやすい大きさに、玉ねぎは薄切りにする（あんず生を使う場合は2つ割りで種を除く）。

炒める

2 フライパンにバターを溶かし、リンゴの表面を色よく焼く。

3 鍋にオリーブオイルを熱し、玉ねぎがきつね色になるまで中火で炒める。さらに鶏もも肉を入れ、脂が出てくるまで10分くらい炒める。

4 Aを入れて軽く炒める。水1カップを数回に分けて加え、沸騰させてはかき混ぜる。

煮込む

5 ふたをして弱火で25分煮る。リンゴ、ドライアプリコット、サフラン、塩を入れてさらに15分くらい煮る。

6 塩（分量外）で味を調え、最後にレモン汁を加える。

TASS KABAB
タス カバブ

プルーンと野菜とラム肉の重ね煮

材料を重ね、火にかけます。
あとは時間と素材の力を信じるだけ。

◆材料

トマト	中1個
じゃがいも	大1個
にんじん	小1本
玉ねぎ	大1個
プルーン	6個くらい
ラム肉(スライスまたは骨付き、牛肉でも可)	300g
A ┌ こしょう	適量
┤ ターメリック	小さじ2/3
└ カイエンペッパー	適宜
塩	小さじ1/3
レモン汁	適宜

◆作り方

下ごしらえをする

1 トマト、じゃがいも、にんじん、玉ねぎを1〜2cm幅の輪切りにする。ラム肉は食べやすい大きさに切る。

煮込む

2 鍋にサラダオイル大さじ1(分量外)を熱し、玉ねぎ→ラム肉→A→にんじん→じゃがいも→トマト→プルーンの順に重ねる。

3 水150mlを注ぎ、サラダオイル大さじ1/2(分量外)を上から回しかける。ふたをして弱火で1時間煮たら、塩を入れてさらに30分くらい煮る。

4 お好みでレモン汁をかける。

盛り付ける

5 皿に、玉ねぎ、にんじん、じゃがいも、ラム肉、トマト、プルーンの順に重ねて盛る。

SALAD-E ANJIER
サラデ アンジル

イチジクのサラダ

旬の果物をたっぷりと使ったサラダ。
この一皿でバランスのとれた軽い食事にも。

◆材料

イチジク	3個
レタス	½個
マスタードシード	小さじ½
A レモン汁	小さじ1
A ヨーグルト	大さじ3
A マヨネーズ	大さじ1
A 塩	小さじ⅓
A はちみつ	小さじ½
オリーブオイル	大さじ1
粗挽きこしょう	適量
クラッカー	4枚くらい
レーズンと好みのナッツ類	適量

※アーモンドスライスを使う場合はオーブンでローストしておく

◆作り方

下ごしらえをする

1 イチジクは縦に4つ割りに、レタスは食べやすい大きさにちぎって洗い、水気をよく切る。マスタードシードは鍋をゆすりながらから炒り、はじけ始めたら火からおろす。

ドレッシングを作り、和える

2 Aを混ぜ合わせる。

3 1のレタスにオリーブオイルをかけてよくからめ、2の半分を加えてよく和える。

盛り付ける

4 レタスを皿に盛ってイチジクを並べ、2の残りのドレッシングをかける。

5 上から粗挽きこしょうとマスタードシードをふり、大きく割ったクラッカー、レーズンやナッツ類をのせる。

AJIEL SALAD
アジルサラダ

ドライフルーツとナッツのサラダ

アジルとは、ペルシャ語でミックスナッツのこと。
ドライフルーツを加えた特別なアジルを使いました。

◆材料

レタス	½個
トマト	中1個
フレッシュタラゴン	1パック
A ┌ 粗挽きこしょう	適量
├ レモン汁	大さじ⅔
├ はちみつ	小さじ⅓
└ マスタード	少々
塩	小さじ⅕
オリーブオイル	大さじ1
ドライフルーツ(レーズンやベリー類など)	適量
ナッツ類(アーモンドスライス、カボチャの種などお好みで)	適量

※アーモンドスライスを使う場合はオーブンでローストしておく

◆作り方

下ごしらえをする

1 ドライフルーツは15分くらいお湯に浸し、柔らかくしてから水気を切り、バター少量(分量外)で軽く炒める。

2 レタスは食べやすい大きさにちぎって洗い、水気をよく切る。トマトは一口大に切る。フレッシュタラゴンは硬い茎の部分を除いて洗い、水気を切る。

ドレッシングを作り、和える

3 Aを混ぜ合わせる。

4 レタスにオリーブオイルをかけてよくからめる。トマトと3のドレッシングを加えて、塩をふる。

盛り付ける

5 皿に盛り、フレッシュタラゴン、ナッツ類、ドライフルーツをちりばめる。

水曜日のアジル

イランの人はナッツが大好き。人が集まれば必ずナッツ。話がはずめばナッツも進みます。いつもと違うアジル(ミックスナッツ)を食べるのは一年の最後の水曜日。この日、人々は幸せを願いながら7つの焚き火を飛び越し、子供たちはスプーンを叩きながら家々を回って「水曜日のアジル」をもらいます。それは、ナッツ類にドライフルーツを加えた特別なアジルなのです。

KHORAK-E EAZGIL-E JAPONI
コラッケ エズギル ジャポニ

ビワと鶏肉の煮込み

イランでは日本種のビワで作るのが人気。
鶏肉とビワが煮詰まったソースは絶品です。

◆材料

ビワ	小10〜12個
バター	15g
シナモン	小さじ½
三温糖	小さじ1（好みで）
サフラン水	熱湯大さじ1にサフランひとつまみ
レモン汁	½個分

A
- 玉ねぎ（スライス） 大1個
- にんにく（みじん切り） 2片
- ベイリーフ 3枚
- 手羽元 7〜8本
- シナモン 小さじ½
- トマト（湯むきしてざく切り） 中2個
- 塩、粗挽きこしょう 各適量

◆作り方

下ごしらえをする

1 ビワは皮をむき、種を取り除く。フライパンにバターを熱し、ビワを中火で軽く炒め、シナモン、三温糖（好みで）を加える。

炒める

2 鍋にサラダオイル大さじ1とバター大さじ1（各分量外）を熱し、中火でAを上から順に炒める。

煮込む

3 ふたをして時々手羽元を裏返し、焦げそうであれば水を少し足して弱火で1時間煮込む。

4 1を加え、さらに弱火でふたをして水分量を見ながら30分煮る。最後にサフラン水とレモン汁を加え、2分煮る。

MAHI BA PORTEGHAL
マヒ バ ポルトガル

白身魚のオレンジサフランソース添え

柑橘類とサフランが作る、
軽やかで華のあるソースが魚に合います。

◆材料

白身魚（切り身）	2切れ
塩、こしょう	各適量
小麦粉	適量
にんにく	2片
サラダオイル	大さじ1
A サフラン水	熱湯大さじ2にサフランひとつまみ
A 小麦粉	小さじ2
A バター	15g
オレンジ果汁（またはお好みの柑橘類）	60mℓ
オレンジ（またはお好みの柑橘類）	1/2個（薄皮はむいておく）
レモン（ライム）汁	30mℓ
小ねぎ	適量

◆作り方

下ごしらえをする
1 白身魚を洗って水気をよく切り、塩、こしょうをして軽く小麦粉をはたく。にんにくは薄切りにする。

焼く
2 フライパンにサラダオイルを熱し、にんにくがきつね色になるまで弱火で炒め、別の器に移す。

3 2のフライパンで1の白身魚を中火で色よく両面を焼く（中まで火を通さなくてよい）。

オレンジサフランソースを作る
4 鍋に**A**のバターを溶かし、**A**の小麦粉を入れ、弱火で1分間かき混ぜる。オレンジ果汁を入れ、固まらないように混ぜ、サフラン水を加える。

煮る
5 4の鍋に魚を入れ、ふたをしないで弱火で7分煮る。オレンジを入れ、3分くらい煮る。塩（分量外）で味を調え、レモン汁を加えて火からおろす。

盛り付ける
6 皿に盛り付け、**2**のにんにくと小ねぎをのせる。

SOUP-E PESTEH
スーペ ペステ

ピスタチオのスープ

イランは世界でも有数のピスタチオ生産国。
ナッツの風味とほんのりとした甘みを感じる
クリーミーで他に類のない贅沢な味わいのスープです。

◆材料

グリーンピスタチオ	100g
玉ねぎ（みじん切り）	中1個
小ねぎ（刻む）	3〜4本
しょうが（すりおろし）	小さじ1
バター	30g
クミンシード	小さじ1
塩、こしょう	適量
サフラン水	…熱湯大さじ1にサフランひとつまみ
上新粉または米粉	小さじ1
オレンジ果汁	大さじ2
生クリームまたはサワークリーム	適宜

◆作り方

下ごしらえをする

1 上新粉を冷水大さじ3に溶かす。

2 天板にオーブンペーパーを敷き、ピスタチオを広げ軽く塩（分量外）を振る（オーブンペーパーを敷くと焼き色が見えやすい）。160度に予熱したオーブンで8分くらいローストする。焦がさないように注意し、香りが立ってほんのり黄金色になったらオーブンから天板を取り出して、飾り用に大さじ1を取り分け、粗く刻んでおく。

炒めて煮る

3 フライパンにバターを熱し、クミンシードを30秒炒め、玉ねぎ、小ねぎ、しょうがの順に加えて、玉ねぎが透き通るまで炒める。熱湯600mlを加え、ふたをして弱火で30分煮る。

ミキサーにかけて煮る

4 ピスタチオと**3**をミキサーに入れて滑らかになるまでよく混ぜ、鍋に戻す。沸騰直前に弱火にして**1**と塩、こしょうを加えて混ぜ、サフラン水を加える（トッピング用に少し残す）。10分煮たらオレンジ果汁を加えて5分煮る。

盛り付ける

5 トッピングに生クリーム、**2**で取り分けたピスタチオ、**4**で残したサフラン水をのせる。お好みでカットレモン（分量外）を添え、絞っていただく。

ALBALU POLOW
アルバル ポロ

さくらんぼのポロ

さくらんぼのポロは白・黄・ピンクの3色のごはんでできています。
黄色はサフラン、ピンク色はさくらんぼのシロップで染めます。

◆材料

サワーチェリー瓶(缶)詰め	2カップ
瓶(缶)詰めの中のシロップ	150ml
挽き肉(ラム、鶏、合挽きなどお好みで)	300g
玉ねぎ	中1個
じゃがいも(スライス)	大1個
サフラン水 熱湯大さじ2にサフランひとつまみ	
米	2合
A シナモン	小さじ½
粗挽きこしょう	小さじ½
塩	小さじ⅓
サラダオイル	大さじ½
グリーンピスタチオ	大さじ1
アーモンドスリーバード	大さじ1(オーブンでローストしておく)

サワーチェリー瓶(缶)詰めの代わりに生のダークチェリーを使う場合

ダークチェリー(生)	250g
砂糖	大さじ2～3

生のダークチェリーの種は茎のついている方から箸などで押し出す。砂糖をまぶし20～30分置く。そのまま火にかけてバター少量(分量外)を加え、15～20分中火で煮る。ざるで濾し、チェリーとシロップを分けておく。

保存用さくらんぼ

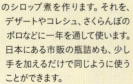

北イランでは、季節になると山積みに売られるさくらんぼをたくさん買ってきて、保存用のシロップ煮を作ります。それを、デザートやコレシュ、さくらんぼのポロなどに一年を通して使います。日本にある市販の瓶詰めも、少し手を加えるだけで同じように使うことができます。

サワーチェリー瓶詰め

◆作り方

シロップを煮る

1 鍋にシロップとバター7g(分量外)を入れ、強火で5分煮る。さくらんぼを入れてさっとからめたらすぐに火を消し(**a**)、さくらんぼとシロップを分ける。さくらんぼは飾り用に少し取って別にしておく。

ミートボールを作る

2 ボウルに、挽き肉とみじん切りにした玉ねぎと**A**に、サフラン水小さじ⅓を入れてよくこね(**b**)、さくらんぼ大に丸める(**c**)。

3 フライパンにバター15g(分量外)を熱し、ミートボールを並べ、表面が焼けてきたら転がしながら、色よくなるまで焼く(**d**)。

米を茹でる

4 p21の**1**と**2**を参照。

米を染める

5 米を3等分にし、一つは残りのサフラン水を混ぜて黄色くする。もう一つは**1**のシロップと混ぜ、ピンク色にする。残りは白いまま残す。

米を炊く

6 鍋にバター7g(分量外)とサラダオイルを熱し、じゃがいも、白いごはんの順に敷く。その上にミートボール、さくらんぼの順に置く。これをピンク色と黄色のごはん半々で覆って山形を作り、軽く押さえる。水50mlを鍋肌から回し入れる。

7 鍋とふたの間に布巾をはさみ(p21の**4**を参照)、弱火で30分炊く。火からおろして5分蒸らす。

盛り付ける

8 さくらんぼが崩れないように混ぜ、飾り用のさくらんぼをのせ、グリーンピスタチオとアーモンドを散らす。

Persian Style

ペルシャンライスについて
～チェロ（ポロ）とカテ（ダミ）～

ペルシャンライスは、炊きあがりがサラッとしていて、まるでサラダのようです。
「白ごはん」には、チェロとカテという2つの炊き方があります。
チェロはふわっと軽く、カテは弾力感のある炊き上がりです。
チェロの方法を使った炊き込みごはんをポロといい、
カテの方法を使った炊き込みごはんをダミといいます。

チェロ CHELOW

イランではバスマティライスという長粒米を
使用していますが、日本の短粒米でもおいしく作れます。

サフランライスにするには？
下記で炊き上がったごはんの¼を別の容器に移し、サフラン水（大さじ1の熱湯にサフランひとつまみ）で染めます。山形に盛った白ごはんの上にかけたら出来上がり。

◆材料

米	2合
塩	小さじ1½
サラダオイル	大さじ1

※またはバター20g

◆作り方

米を茹でる(a)
1 鍋に水10カップを沸騰させ、米と塩を入れる。時々かき混ぜながら、強火で8〜10分茹でる。

茹でた米をざるに上げる(b)
2 米に芯のある状態でざるに上げる。水気を切って、軽く水を回しかける。

米を山形にする(c)
3 深めの鍋にサラダオイルを熱し、2の米で山形を作り、軽く押さえる。ふたをしないで中火で5分火にかけ、¼カップの水を回し入れる。箸を鍋底まで刺し、空気穴を数ヵ所作る。

米を炊く(d)
4 鍋とふたの間に布巾かキッチンタオルをはさみ、弱火で30分くらい炊く。

米を蒸らす
5 火からおろしてそのまま5分蒸らす。お好みで、熱したサラダオイル（またはバター）大さじ1（分量外）を回し入れる。鍋底を冷水に浸けると、きれいにお焦げがとれる。

a

b

c

d

カテ KATEH

イランでは、きれいなお焦げを作れるかどうかが
腕の見せどころです。

◆材料

米	2合
塩	小さじ1/3
バター	30g

◆作り方

米を茹でる
1 深めの鍋に米と水3カップ、塩を入れて火にかける。沸騰したら中火で15分、ふたをしないで時々かき混ぜながら茹でる。

米を炊く
2 水気がなくなったらバターを入れ、全体に混ぜる。鍋とふたの間に布巾かキッチンタオルを挟み、弱火で30分炊く。

米を蒸らす
3 火からおろして5分蒸らす。鍋底を冷水に浸けると、きれいにお焦げがとれる。

盛り付ける
4 鍋を逆さにして皿に盛る。

米のお焦げだけでなく、鍋底に薄焼きナンやスライスしたじゃがいもを敷いてお焦げを作ることもあります。

chapter 2

سبزی‌ها و معطر

ハーブ
たっぷり料理

イランでは、
「ハーブ」にあたる言葉を耳にしません。
ハーブは「サブジ（野菜）」という言葉でくくられているからです。
お母さんたちは、野菜と同じように
店先に並ぶ季節のハーブを、
どっさり買って、どっさり料理に使います。
だから、ざっくりと「野菜」と呼ぶほうがふさわしいのです。

MAHI-YE TUPOR
マヒイェ トゥポル

白身魚のハーブとベリーはさみ焼き

ベリーやハーブのグリーンで飾られて、まるで宝石のよう。
食卓に思わず感嘆の声が上がります。

◆材料

白身魚（スズキ、鯛など）
二枚おろし
　……… 25cmくらい1尾
塩、こしょう ……… 適量
オリーブオイル … 大さじ2
にんにく …………… 3片
（1片はみじん切りにする）

A ┌ ゼレシュク
　│ （またはドライクランベリー）
　│ ………………… 25g
　│ レーズン ……… 25g
　│ ミント、イタリアン
　│ パセリ、チャービル、
　│ チャイブ（飾り用を別に
　│ して、残りは刻んでおく）
　└ …… 4種で1カップ

塩 ………………… 少量
ブラックペパー …… 適量
サフラン水
　……… 熱湯大さじ1に
　　サフランひとつまみ
レモン汁 ……… 小さじ2
アーモンドスリーバード
（オーブンでローストしておく）
　………………… 適宜
ライム …………… 1個

◆作り方

下ごしらえをする

1 白身魚は網などにのせて塩をふり、10分くらいおく。水で洗い流して水気をふきとり、軽く塩、こしょうする。

炒める

2 フライパンにオリーブオイルを熱し、みじん切りにしたにんにく1片分を炒め、Aを入れる。さらに塩、ブラックペパー、サフラン水、レモン汁を加える。

オーブンで焼く

3 1の白身魚で2をはさみ、表面にもまぶしたらアルミホイルに包み、250度のオーブンで30分焼く。このときアルミホイルできっちり包まないようにする。

盛り付ける

4 にんにく2片は皮をむかずに色よくなるように揚げる。

5 4のにんにく、飾り用ハーブ、アーモンド、半分に切ったライムを飾る。

SABZI POLOW
サブジ ポロ

5種のハーブのポロ

サラダと呼びたくなるごはん。魚にも肉にもよく合います。
ヨーグルトをかけても、おいしくいただけます。

◆材料

A ┌ コリアンダー ………… 大さじ5
　├ ディル ………………… 大さじ1
　├ チャービル …………… 大さじ1
　├ ミント ………………… 大さじ1
　└ イタリアンパセリ …… 大さじ1
オリーブオイル ………… 大さじ1
にんにく ………………………… 2片
米 ……………………………… 2合
B ┌ シナモン ……………… 小さじ1/3
　├ 粗挽きこしょう ……… 小さじ1/3
　└ 塩 ……………………… 小さじ1/3
バター ………………………… 15g

◆作り方

下ごしらえをする
1 Aのハーブは細かく刻み、にんにくは細い千切りにする。フライパンにオリーブオイルとにんにくを入れ、弱火で色よくなるまで炒める。

米を茹でる
2 p21の1と2を参照。

米を混ぜる
3 2の米に、にんにく（炒めたオリーブオイルも）、Aの半量とBを混ぜる。

米を炊く
4 p21の3と4を参照。

ハーブを混ぜる
5 炊き上がったごはんに、バターとAの残りのハーブを入れて混ぜる。

TAHCHIN-E MAHI
ターチネ マヒ

ハーブとサバのポロ

3種類のハーブとタマリンドで作るソースが、青魚のおいしさを引き出してくれます。そこに、にんにくやとうがらしが加わると、よりいっそう食欲をそそられます。

◆材料

米		2合
A	玉ねぎ	中1個
	にんにく	2片
	たかのつめ	5本（お好みで）
	塩	小さじ1/3
B	コリアンダー	2/3カップ
	パセリ	1/3カップ
	フェネグリーク（葉を乾燥させたもの）	1/4カップ
サバ（二枚おろし）		小1尾
塩、こしょう		適量
タマリンド（固形）		90g
にんにく（皮付き）		適宜
コリアンダー（飾り用）		適宜

◆作り方

米を茹でる
1 p21の1と2を参照。

下ごしらえをする
2 Aの玉ねぎ、にんにくはみじん切り、たかのつめは切れ目を入れる。Bのハーブは細かく刻む。

3 サバは網などにのせて両面に塩をふり、10分くらいおく。水で洗い流して水気をふきとり、軽く塩、こしょうする。

ハーブソースを作る
4 フェネグリークを水に10分くらい浸し、軽く絞る。固形のタマリンドを湯150mlに浸しもみほぐしたら、ざるで濾して皮と種を除く。これにAとBのハーブを混ぜる。

焼く
5 フライパンにオリーブオイル大さじ1（分量外）を熱し、強火でサバの両面に焦げ目をつける（中まで火を通さなくてよい）。

米を炊く
6 サバに4のソースをはさみ、表面にも塗る（鍋に対してサバが大きすぎたら半分に切る）。

7 深めの鍋にオリーブオイル大さじ1（分量外）を熱し、米の半量を敷き、サバをのせる。残り半量の米でサバを隠し、全体を山形にして軽く押さえる（a）。

8 鍋とふたの間に布巾かペーパータオルをはさみ、弱火で30分以上炊く（p21の3と4を参照）。火からおろして5分蒸らす。

盛り付ける
9 お好みで素揚げした皮付きにんにく、コリアンダーを添える。

GHORMEH SABZI
コルマ サブジ

5種のハーブとマトンのコレシュ

イランで一番人気のコレシュともいえるのが、このコルマサブジです。
家庭でもレストランでも人気です。

◆材料

材料	分量
豆(ブラックアイビーンズなど)	2/3カップ
※または水煮レッドキドニー230g(固形量)	
A ほうれん草	1カップ
A ニラ	2/3カップ
A コリアンダー	1/2カップ
A パセリ	2/3カップ
A ドライフェネグリーク	大さじ2
玉ねぎ	中1個
たかのつめ	2〜3本
ラム肉	250g
ドライレモン	2個
※またはレモン汁大さじ1/2	
B ターメリック	小さじ1/2
B 粗挽きこしょう	小さじ1/2
B 塩	小さじ1/2
B 薄力粉	大さじ1
コリアンダー	適宜

◆作り方

下ごしらえをする

1 豆を数時間水に浸す。鍋に2カップの水と豆を入れ、弱火で30分、豆が崩れない程度に茹でる。豆と茹で汁を別にする。水煮の豆を使用してもよい。

2 Aと玉ねぎは粗いみじん切り、ラム肉は一口大に切る。ドライレモンは串などで数ヵ所穴を開ける。

炒める

3 フライパンにオリーブオイル大さじ1(分量外)を熱し、香り立つまで強火でAを炒める。

4 鍋にオリーブオイル大さじ2(分量外)を熱し、玉ねぎを強火で炒める。色よくなったらたかのつめ、ラム肉を入れて炒め、焦げ目がついてきたら、Bを加えて弱火で1分炒める。

煮る

5 1の豆の茹で汁と水で3カップにして入れ、ふたをして弱火で30分煮る。

6 5に1の豆と3、ドライレモンを入れてふたをし、弱火で1時間くらい煮る。レモン汁の場合は火からおろす際に加える。水煮の豆を使用する場合は、最後の30分で加える。

7 お好みでコリアンダーをちぎって散らす。

※イラン食材店ではコルマサブジ用の「ドライミックスハーブ」がある

CHALIEH MAHI
ケリエ マヒ

3種のハーブとブリのコレシュ

食材でありながら、スパイスの役割も果たしてくれるハーブ。
3種類を組み合わせれば、これまた絶妙な一品になります。

◆材料

タマリンド(固形)	100g
ブリ(切り身)	3切れ
塩	小さじ⅓
粗挽きこしょう	適量

A
- コリアンダー(刻む) ……… 1カップ
  ※ドライであれば½カップ
- ドライフェネグリーク …… ½カップ
- パセリ(刻む) ………… 1½カップ
  ※ドライであれば大さじ2

B
- 玉ねぎ(薄切り) ………… 中1個
- にんにく(みじん切り) ……… 2片
- たかのつめ(切れ目を入れる)
  ………… 2本(お好みの量を)
- 塩 ………………………… 小さじ⅓

C
- 小麦粉 …………………… 大さじ⅔
- ターメリック …………… 小さじ½
- 粗挽きこしょう ………… 小さじ½

◆作り方

タマリンドソースを作る

1 タマリンドを湯150mlに浸し、湯の中でよくもみほぐし、ざるで濾して皮と種を除く。

焼く

2 ブリを半分に切り、塩と粗挽きこしょうをふる。フライパンにサラダオイル大さじ1(分量外)を熱し、強火で両面に焦げ目がつくまで焼く。

炒める

3 フライパンにサラダオイル大さじ1(分量外)を熱し、**A**を中火で5分くらい炒める。ドライハーブの場合は、水に10分くらい浸して軽く絞ってから炒める。

煮込む

4 鍋にサラダオイルを大さじ1(分量外)を熱し、材料**B**を上から順に入れて炒める。玉ねぎがきつね色になったら、**C**を入れて軽く炒める。

5 **4**に水3カップと**3**のハーブを入れ、中火で30分煮る。さらに**1**のタマリンドソースと**2**のブリを入れ、ふたをして中火で15分煮る。時々焦げないようにかき混ぜる。

KUKU SABZI
ククサブジ

ハーブオムレツ
各家庭でお好みのハーブをブレンドして作ります。

◆材料

サラダオイル……… 大さじ½
A ┌ 小ねぎ（またはチャイブ）、
　│ コリアンダー、パセリ、
　│ ディル（すべて刻む）
　└ ……………… 各¼カップ
卵 …………………………… 3個
B ┌ シナモン、ブラックペパー、
　│ 　　ターメリック… 各少量
　│ 塩 ……………… 小さじ⅓
　│ 牛乳 …………… 大さじ1
　│ ベーキングパウダー
　│ ……………… 小さじ½
　└ 薄力粉 ………… 小さじ1
バター ……………………… 15g
※またはサラダオイル大さじ1

◆作り方

炒める
1 フライパンにサラダオイルを熱し、Aを軽く炒めて冷ます。

混ぜる
2 ボウルに卵を溶きほぐし、1とBをよく混ぜる。

焼く
3 フライパンにバターを溶かし、2を流し込む。中火で色よくなるまで焼く。裏返してふたをし、弱火で5分くらい焼く。

SHOORBA
シュルバ

香菜のお粥
香菜のアクセントで食欲が増す、元気になるお粥。

◆材料

米 ………………………… ½合
A ┌ コリアンダー（刻む）
　│ ……………………… 1束
　└ こしょう、塩 …… 適量
レモン …………………… 適宜

◆作り方

煮る
1 鍋に水5カップと洗った米を入れ、ふたをしないで弱火で30分以上煮る。時々かき混ぜる。

混ぜる
2 火からおろす際に、Aを入れて混ぜる。

盛り付ける
3 2を器に移し、お好みでレモンを添える。

NAN PANIR SABZI
ナンパニール サブジ

ハーブとチーズの
ナンロール

お好みの具をそろえて、
手巻き寿司のように楽しむこともできます。

◆材料

薄焼きナン
[またはフラワートルティーヤ、
  チャパティ

お好みのフレッシュハーブ
[ミント、チャービル、タラゴン、
  バジル、パセリ、コリアンダー、
  ニラ、小ねぎなど

フェタチーズ

お好みでクルミ

◆作り方

下ごしらえをする
1 フレッシュハーブを食べやすい大きさに切る。

巻く
2 ナンをオーブンで軽く焼き、1のハーブ、フェタチーズ、クルミを巻く。

ナンバニールサブジ でもいかがですか？

イランではそういって人を家に招きます。
「特別なことはしませんからどうぞ遠慮なくおいでください」。そんな意味で使われるナンバニールサブジとは、季節のハーブ、フェタチーズなどを薄焼きナンでくるくるっと巻いたもの。食材の組み合わせが際立つシンプルな食べ方です。

KOOFTEH TABRIZI
クフテ タブリーズィ

タブリーズの
ハーブ入りライスボール

タブリーズという都市が発祥地の古いペルシャ料理のひとつ。
ハーブ、豆、肉、米がひとつになった複雑な味わいで、手のひらサイズから
サッカーボール大まであり、その大きさも料理の腕の見せどころです。

◆材料

米	½カップ
イエロースプリットピー	30g
玉ねぎ(みじん切り)	中1個
玉ねぎ(スライス)	2個
トマト(湯むきしておく)	1個
トマトペースト	大さじ2
サラダオイル	大さじ2
バター	10g
レーズン	30g
クルミ	6かけ

A
- ターメリック　小さじ1
- パプリカ　小さじ1
- シナモン　小さじ1
- ドライパセリ　小さじ2
- 塩　小さじ½
- 粗挽きこしょう　小さじ½

B
- 合挽き肉(ラムと牛または牛と豚)　400g
- 玉ねぎ(すりおろし水を切る)　中1個
- パセリ、コリアンダー、ミント、小ねぎ、タラゴン、ディル(すべて刻む)　各大さじ1
  ※コリアンダー(またはパセリ)をトッピング用に少し取り分けておく。
- 卵(溶いておく)　1個
- 小麦粉　大さじ2
- ターメリック　小さじ½
- パプリカ　小さじ1
- シナモン　小さじ1
- 塩　小さじ1
- 粗挽きこしょう　小さじ½
- サフラン水　熱湯小さじ1にサフランひとつまみ

◆作り方

下ごしらえ
1 イエロースプリットピーは一晩水に浸しざるに上げる。

2 米を1時間水に浸し、半分火が通るまで約8分間煮てざるに上げる。

3 スライスした玉ねぎを、黄金色になるまで揚げる。

豆を茹でる
4 鍋に水と1のイエロースプリットピーを入れ、柔らかくなるまで20分くらい茹で、ざるに上げる。茹でた水は取っておく→★。

ボールを作る
5 2とBと4を混ぜて粘りが出るまでこね、空気を抜くようにして6等分にする。手を水で濡らすと作業しやすい。

6 5で、3のフライドオニオンとレーズン、クルミを包んでボール形に丸める。

ソースを作る
7 鍋を熱し、サラダオイルとバターでみじん切りにした玉ねぎを炒める。Aを加え、湯むきしたトマトとトマトペーストを加え、数分間炒める。★の豆の茹で汁1ℓ(足りない場合は水を足す)を注ぎ、沸騰したら弱火にする。

ボールを入れて煮る
8 6で成形したボールを重ならないように静かに入れ、ふたをせずに弱火で30分煮る。おたまで時々煮汁をボールにかける。静かにボールを回し、少しずらしてふたをし、30分くらい弱火で煮込む。

9 Bから取り分けておいたコリアンダーを散らす。

Persian Style

ナンついて
～ナンバルバリとナンタベ～

イランの食卓にナンが並ばない日はありません。
ナンはポピュラーなものだけでも6種類以上あります。
ナンワ（ナン屋さん）は1種類のナンだけを作って販売する専門店で
町にはそれらがちょうどいい距離に点在しています。
小石と一緒に焼くナンや紙のように薄いナンもあります。
上の写真は「タフトゥン」。イランではとてもポピュラーなナンです。

ナン バルバリ　NAN BARBARI

本来「ナンバルバリ」は80cmくらいありますが、家庭ではオーブンサイズに合わせて作ります。

◆材料

- A
  - 強力粉 ……… 200g
  - 薄力粉 ……… 100g
  - 塩 ……… 小さじ½
- ドライイースト ……… 小さじ1
- 砂糖 ……… 小さじ½
- 溶かしバター ……… 大さじ1
- ポピーシード（またはごま）……… 小さじ2

◆作り方

生地を作る

1 ボウルにAを入れ、よく混ぜる。山形にして中央にくぼみを作る。

2 小さなボウルにぬるま湯（熱湯大さじ1と水大さじ2）、ドライイースト、砂糖を入れる。15分くらいおいて泡立ってきたら、1のくぼみに入れる(a)。さらにぬるま湯190㎖（熱湯60㎖と水130㎖）を加えてよく混ぜる。ひとつにまとまったら、台にのせて10〜15分こねる。

3 ボウルと丸めた生地に薄くバター（分量外）を塗る。ボウルに生地を入れ、ラップをしたら40度くらいの温かい所に1時間ほどおく(b)。

4 生地が2倍の大きさになったら取り出し、空気を抜いて2つに分け、丸める(c)。ラップをかけて20分おく。

5 粉をふった台に26cm×14cmの小判形にのばし、縦に数本の溝を作る。これをオーブンペーパーにのせて、溶かしバターを薄く塗り、ポピーシードをふる(d)。

生地を焼く

6 天板を入れてオーブンを250度に予熱し、5をオーブンペーパーごと天板にのせる。表面に焼き色がつくまで12〜15分くらい焼く。

ナン タベ　NAN TAABE

「ナンタベ」は釜を使わないで、大きな中華鍋を逆さにしたようなタベと呼ばれる調理具の上で焼く、家で作るナンのことです。日本では網で焼くと、本場に近い仕上がりになります。

◆材料

A
- 全粒粉……………………50g
- 強力粉……………………150g
- 塩………………………小さじ⅓
- サラダオイル……………大さじ1

◆作り方

生地を作る

1 Aをすべてボウルに入れてよく混ぜる。ぬるま湯130mlを加えてよく混ぜる。ひとつにまとまったら、台にのせて10〜15分こねて丸くする。ボウルに移し(*a*)、ラップをして30分ねかせる。これを6等分にして丸める。粉をふり、ラップをしてさらに15分ねかせる。

2 粉をふった台の上で、1をそれぞれ直径16cmにのばす(*b*)。

生地を焼く

3 魚などを焼く網を熱し、その上に2をのせる。中火で1分くらい焼き、ナンが膨らんできたら裏返す。ナンを頻繁に回しながら色よく焼く。再び裏返して1分くらい焼く(*c*)。焼き上がったら薄くバター(分量外)を塗って、布巾をかけておく。

chapter 3

سبزیجات و غنی ها

野菜たっぷり料理

イランの街を飾るのは、山積みされた季節の野菜たち。
この旬の素材を食すれば、
それだけで季節を感じることができます。
そして、幸せな気持ちになれます。
季節の野菜をたっぷり使ったペルシャ料理で、
身も心もよろこびましょう。

DOLMEH YE KALAM
ドルメ エ カラム

ペルシャンロールキャベツ

具を野菜の中に詰めたり、包んだりして蒸し煮したものをドルメといいます。
このレシピのほかに、なす、トマト、ぶどうの葉、かりんなどのドルメがあります。
米が入っているので、主食にもなります。

◆材料

イエロースプリット豆	40g
米	80g
玉ねぎ	中1個
トマト	大½個
レーズン	20g
バター	小さじ1
パセリ(刻む)	½カップ
合挽き肉	150g

A		
	シナモン	小さじ½
	ターメリック	小さじ⅓
	粗挽きこしょう	小さじ½
	カイエンペパー	小さじ¼
	オリーブオイル	大さじ2
	サフラン	少量
	塩	小さじ⅓

バター(ソース用)	大さじ½
トマト(ソース用)	大1½個
粗挽きこしょう(ソース用)	適宜

B		
	塩	少量
	サフラン	少量
	シナモン	小さじ½

酢	小さじ2
キャベツ	10枚
イタリアンパセリ(刻む)	適宜

◆作り方

具の下ごしらえをする

1 鍋に水1¾カップとイエロースプリット豆を入れ、弱火で30分茹でる。ふきこぼれないように、ふたはきっちりしないようにする。

2 鍋にたっぷりの湯を沸かし、少量の塩(分量外)と米を入れて強火で5分茹でる。ざるに上げて水を回しかけてから水を切る。

3 玉ねぎはみじん切り、トマトは湯むきしてざく切りにする(トマトは具とソース用と合わせて2個分)。レーズンは15分くらい水にもどし、水を切る。

具を炒めて米を混ぜる

4 フライパンにオリーブオイル大さじ1(分量外)とバターを熱し、玉ねぎを炒める。色よくなったらパセリと挽き肉を入れ、肉から脂が出るまでさらに炒める。レーズン→トマト½個分の順に炒め、水分がとんだらAを加え、香り立つまで軽く炒める。火からおろして豆と米を混ぜる。

トマトソースを作る

5 鍋にバターを熱し、残りのトマトを加えて軽く炒める。お好みでこしょうをふる。Bと水50mℓを加えひと煮立ちさせる。お好みでミキサーにかける。

キャベツを茹でる

6 鍋にたっぷりの湯を沸かし、塩大さじ2(分量外)→酢→キャベツの順に加える。さらに強火で沸騰させ、5分茹でたら冷水にさらし、水気を切る。

具を包む

7 まな板にキャベツの葉を広げ、軸の硬い部分を削ぐ(ⓐ)。

8 キャベツの葉を2枚重ね、**4**の具を5等分にしてキャベツにのせる(ⓑ)。葉で具を巻き込み(ⓒ)、両サイドで包み込んで丸める。

煮込む

9 鍋にオリーブオイル大さじ½(分量外)を熱し、ロールキャベツを並べる。中火で5分焼く。トマトソースを注ぎ、ふたをして中火で40分煮る。

10 お好みでイタリアンパセリを散らす。

039

SOUP-E TAREBAR
スープ タレバ

野菜スープ

スープストックを使わない野菜だけのスープは、
野菜の栄養素が体に染み渡ります。お急ぎのときは豆なしでも。

◆材料

白いんげん豆	40g
玉ねぎ	中1個
にんじん	小1個
じゃがいも	中1個
セロリ	½本
エリンギ（またはお好みのきのこ類）	中1個

A：フェンネル、クミン、ターメリック、コリアンダー（パウダー）、カイエンペパー、タイム、タラゴン……各少量

B：
- サフラン……ひとつまみ
- パプリカ……大さじ½
- シナモン……小さじ¼
- 塩……小さじ½
- 粗挽きこしょう……小さじ¼

C：
- トマト（湯むきしてざく切り）……大1個
- 米……大さじ1
- パセリ（みじん切り）……大さじ1

オリーブオイル……大さじ½
バター……15g
にんにく……1片
パセリ（みじん切り）……適宜

◆作り方

下ごしらえをする

1 白いんげん豆は一晩水に浸けてもどす。

2 鍋に水1¾カップと白いんげん豆を入れて煮立て、弱火にして15分くらい煮る。ふたをずらして茹で汁は残しておく。

3 玉ねぎ、にんじん、じゃがいも、セロリ、エリンギは食べやすい大きさに切る。

炒める

4 鍋にオリーブオイルとバターを熱し、みじん切りにしたにんにくを香り立つまで炒めて、**3**の材料を順に中火で炒める。

5 **A**を加えて軽く炒めたら、**B**を加える。さらに**C**を加えてひと煮立ちさせる。

煮込む

6 **2**の白いんげん豆、茹で汁、水3カップを加え、ふたをして40分くらい煮る。

盛り付ける

7 器に盛り、お好みでパセリを散らす。

MAYGU PIYAZ
メイグ ピヤズ

小玉ねぎと海老のタマリンドソース煮

タマリンドの甘酸っぱさととうがらしの辛さがきいた
ペルシャ湾沿岸らしい郷土料理です。

◆材料

タマリンド（固形）	30g
海老	中16尾
小玉ねぎ	8個
A しょうが	大さじ1
にんにく	1片
コリアンダー	大さじ2
砂糖	小さじ½
塩	小さじ¼
粗挽きこしょう	適宜
カイエンペパー	小さじ⅓
オリーブオイル	小さじ1
たかのつめ	適宜
塩	小さじ⅓
砂糖	小さじ½
コリアンダー	適宜

◆作り方

タマリンドソースを作る

1 タマリンドを湯150mlに10分くらい浸け、湯の中でよくもみほぐす。ざるで濾し、皮と種を取り除く。

下ごしらえをする

2 海老は背から開いてわたを取り除き、洗って水気をふく。玉ねぎは皮をむくだけ。しょうが、にんにく、コリアンダーはみじん切り、たかのつめは切れ目を入れる。

3 ボウルに海老とAを入れ、よくからめる。冷蔵庫に30分くらいおいておく。

炒めて煮る

4 熱したフライパンにオリーブオイル大さじ1（分量外）を入れ、海老が赤色に変わるまで中火で3分くらい炒める。

5 熱した鍋にオリーブオイル大さじ1（分量外）を入れ、玉ねぎに焦げ目がつくまで強火で5分くらい炒める。お好みでたかのつめと塩を加えて軽く炒める。さらに**1**のタマリンドソース→砂糖の順に入れ、ふたをして弱火で10分くらい煮る。

6 **4**の海老を入れ、中火で3分くらい煮る。

盛り付ける

7 皿に移して、お好みでコリアンダーを散らす。

MIRZA GHASEMI
ミルザ ガセミ

焼きなすとトマトの卵料理

北イランのカスピ海沿岸の郷土料理としてよく知られています。
なすを丸ごと焦がした風味が料理をいっそう引き立ててくれます。

◆材料

なす（竹串などで全体にいくつか穴を開ける）……………… 中4本
トマト（湯むきして細かく刻む。水分もとっておく）……………… 中2個
A ┌ トマトペースト …… 大さじ1
　└ ターメリック ……… 小さじ⅓
B ┌ オリーブオイル …… 大さじ2
　└ バター ………………… 15g
にんにく（みじん切り）………… 2片
塩 ……………………………… 小さじ1
粗挽きこしょう ……… 小さじ½
卵 ………………………………… 2個
オリーブオイル、イタリアンパセリなどのハーブ、パプリカ… 各適宜

◆作り方

下ごしらえをする

1 コンロに網をのせ、強火で時々回しながら、なすを丸ごと焼く(*a*)。オーブンでも可。表面全体が焦げ、中が柔らかくなったら皮をむく(*b*)。鍋に入れてふたをして10分くらい置くとむきやすくなる。細かく刻む(*c*)。

炒める

2 フライパンにBを熱し、弱火でにんにくを香り立つまで炒める。Aを加え、さらに2〜3分炒める。トマト、塩、粗挽きこしょうを入れ、中火で8分くらい炒めたら、**1**のなすを加え混ぜる。ふたをして時々混ぜながら20分煮る(*d*)。卵を割り入れ、白身から先にゆっくりとクリーミーになるまでかき混ぜる。お好みでオリーブオイル、イタリアンパセリをのせ、パプリカをふる。

a

b

c

d

DOLMEH YE FELFEL
ドルメエフェルフェル

ピーマンライス

手に取りやすくてお手ごろサイズのピーマンで作れば、パーティーのときなどに喜ばれます。パプリカでもおいしくいただけます。

◆材料
ピーマン……………………… 12個
具とトマトソースはp38と同様

◆作り方
具とトマトソースを作る
1〜5はp38と同様。

具を詰める
6 ピーマンは上部を切って種を取る。4の具をピーマンに詰め(a)、ふたをしてようじで留める。

煮込む
7 鍋に5のトマトソースを入れてピーマンを並べ、ふたをして中火で40分煮る。

a

HAVIJ POLOW
ハヴィジ ポロ

にんじんと鶏肉のポロ

家庭料理のやさしい味わい。レモンを使うことで味がしまります。
鶏肉を入れずににんじんだけで作ると、肉料理にも合わせやすくなります。

◆材料

A
- オリーブオイル……… 大さじ1
- バター……………………… 15g
- にんにく（半分に切る）………… 1片
- 玉ねぎ（四つ切り）……… 中1個
- にんじん（一口大に切る）…… 小1本
- 鶏胸肉（皮を取り2つに切る）… 250g
- ベイリーフ…………………… 2枚
- ターメリック、シナモン、塩、
  ブラックペパー ……… 各小さじ⅓

B
- にんじん……………………… 中3本
- オリーブオイル……… 大さじ1
- バター……………………… 15g
- レモン果汁……………… ½個分
- シナモン、塩、粗挽きこしょう
  ……………………… 各小さじ⅓

C
- 玉ねぎ（スライス）………… 中1個
- オリーブオイル……… 大さじ1
- バター……………………… 15g
- レモン果汁……………… ½個分
- ターメリック、塩、粗挽きこしょう
  ……………………… 各小さじ⅓
- シナモン………………… 小さじ1

D
- 米……………………………… 1.5合
- じゃがいも（厚めのスライス）…… 1個
- オリーブオイル……… 大さじ1
- バター……………………… 20g
- サフラン水………… 熱湯40mlに
  サフランひとつまみ
- アーモンドスライス………… 適量

◆作り方

下ごしらえ

1 Dのアーモンドスライスはオーブンで軽くローストする。

鶏を煮てほぐす→材料A

2 鍋にオリーブオイルとバターを熱し、残りのAの材料を上から順に強火で5分炒める。鶏肉がかぶるくらいの水（分量外）を加える。沸騰したら弱火にして、鍋のふたを少し開け、20分間煮る。鶏肉を取り出し、フォーク2本で鶏肉を繊維に沿って細かくほぐす。※煮汁は塩で味を調え、スープにする。

にんじんを炒める→材料B

3 にんじんはスライサーか包丁で細切りにする。フライパンにオリーブオイルとバターを熱し、強火でにんじんを炒める。スパイス類を加え、にんじんが柔らかくなる前に火を止め、器に移してレモン果汁を混ぜる。

鶏肉を炒める→材料C

4 フライパンにオリーブオイルとバターを熱し中火で玉ねぎを炒める。2の鶏肉、スパイス類を加え軽く炒め、器に移してレモン果汁を混ぜる。

米を茹でて、炊く→材料D

5 P21の1と2を参照し、米を茹でる。

6 深めの鍋にオリーブオイルとバターを熱し、じゃがいもを敷く（お焦げになる）。その上に5の米の半分、サフラン水の半分、4の鶏肉の半分、3のにんじんの半分の順に重ねる。もう一度同じ工程を繰り返す。空気穴を箸で数ヵ所開ける。水⅓カップ（分量外）を回しかけ、バター15g（分量外）をのせる。

7 p21の4と5参照。全体を軽く混ぜ、器に盛り、1のアーモンドスライスを散らす。

PARSI EGG CURRY
パーシー エッグ カリー

野菜と卵を使った拝火教徒のカレー

インドには8世紀ごろ、ペルシャから移り住んだ拝火（ゾロアスター）教徒の末裔といわれる人々が暮らしています。彼らが作るパーシー（ペルシャ）料理は、ときとしてインドカリーの香りがします。

◆材料

- 卵 ……………………… 2個
- A
  - にんにく ………… 1片
  - しょうが ………… 3片
  - 玉ねぎ …………… 中1個
  - にんじん ………… 小1本
  - 唐辛子 …………… 2本
- トマト ………………… 中1個
- ベイリーフ …………… 1枚
- サラダオイル ………… 大さじ1
- バター ………………… 大さじ1
- クミンシード ………… 小さじ¼
- マスタードシード
  ………………… 小さじ¼
- B
  - 薄力粉 …………… 大さじ½
  - シナモン ………… 小さじ1
  - クローブ ………… 小さじ⅓
  - カルダモン ……… 小さじ⅓
  - ターメリック …… 小さじ½
  - カイエンペッパー … 小さじ¼
- きのこ（お好みのもの）
  ………………… 1パック
- 塩 ……………………… 小さじ½
- 生クリーム …………… 大さじ2
- じゃがいも …………… 大1個
- コリアンダー ………… 適宜

◆作り方

茹で卵を作る
1 卵はひたひたの水に入れ、中火で12分茹でる。水で冷やして殻をむき、2つ割りにする。

下ごしらえをする
1 にんにく、しょうがはみじん切り、玉ねぎは薄切り、にんじんは食べやすい大きさに切る。トマトは湯むきしてざく切りにする。

炒める
3 鍋にベイリーフを入れ、弱火でから炒りする。香りがしてきたらサラダオイルとバターを加える。クミンシードとマスタードシードを入れ、パチパチとはじけ始めたら、**A**を上から順に入れて中火で炒める。玉ねぎが色づいてきたら**B**を入れ、焦げないように軽く炒める。

煮る
4 3にトマトと水1½カップを注ぎ、ふたをして20分煮る。きのこ、塩を加えて10分くらい煮る。火からおろす際に生クリームを入れる。

フライドポテトを作る
5 じゃがいもの皮をむき、千切りにする。中温の油（分量外）でカラッと揚げる。途中何回も空気にさらすように返し、色よく揚がったら油を切る。

盛り付ける
6 4を皿に移し、1の卵と5のフライドポテトをのせ、お好みでコリアンダーを散らす。

POLOW KALAM
ポロ キャラム

キャベツと鶏肉のポロ

初めて口にする誰もが、キャベツとごはんの相性の良さに驚きます。
ヨーグルトをかければ、2度の驚きが。

◆材料

米	1.5合
サフラン水	熱湯大さじ2にサフランひとつまみ
鶏もも肉または鶏胸肉(ともに皮なし)	250g
キャベツ	中½個
玉ねぎ	中1個
A シナモン	小さじ½
粗挽きこしょう	小さじ½
塩	小さじ½
レモン汁	大さじ2
B シナモン	小さじ½
ターメリック	小さじ½
たかのつめ	3本(お好みで)
粗挽きこしょう	小さじ½
塩	小さじ½
C シナモン	小さじ1
塩	小さじ½

◆作り方

米を茹でる

1 p21の**1**と**2**を参照。この時、水切りした米にサフラン水を混ぜておく。

下ごしらえをする

2 鶏肉は細切り、キャベツは太めの千切り、玉ねぎは粗めのみじん切りにする。

炒める

3 フライパンにオイルを入れずに強火でキャベツを炒める。しんなりしてきたらサラダオイル大さじ2(分量外)を入れて5分くらい炒める。**A**を加えて軽く炒めて火を止める。レモン汁を混ぜたら取り出しておく。

4 フライパンにサラダオイル大さじ1(分量外)、バター10g(分量外)を熱し玉ねぎを炒める。色づいてきたら鶏肉を入れて中火で炒める。さらに**B**を加えて軽く炒める。これに**3**と**1**と**C**を混ぜる。

米を炊く

5 p21の**3**〜**5**を参照。

SALADE-E SHIRZI
サラデ シラジ

シーラーズサラダ

名前の通り、イラン南部の都市シラーズ発祥の人気のサラダです。
ポロ（炊き込みごはん）と混ぜながら食べるとライスサラダの味わいに。
ノンオイルのさっぱり感がおかずの美味しさも引き出します。

◆材料

きゅうり	2本
トマト	2個
赤玉ねぎ	小1個
カッテージチーズ（またはお好みでフェタチーズ）	30g
レモン（ライム）汁	½〜1個分
フレッシュミント	5本くらい
ドライミント	小さじ1
塩、こしょう	適量

◆作り方

下ごしらえをする

1 きゅうりは硬めの皮の場合は皮をむき、小さめの角切りにする。トマトは小さめの角切り、赤玉ねぎとフレッシュミントは粗めのみじん切りにする。お好みでチーズを入れる場合は、小さめの角切りにする。

混ぜる

2 ボウルに**1**と残りの材料を入れて混ぜ、塩、こしょうで味を調える。

盛り付ける

3 2を器に盛り、フレッシュミントの葉など（分量外）を飾る。

※ここでは赤、黄、オレンジ色のトマトを使いました。

KUKU SIBZAMINI
ククシブザミニ

じゃがいもとハーブのパティ

ナン、ピクルス、トマト、ハーブ、チャイブ、そしてククシブザミニ。ヨーグルトを添えて、軽い夕食メニューのワンシーンです。サンドイッチにもよく合います。

◆材料

じゃがいも･････････････････ 中3個
卵 ･･････････････････････････ 1個
オリーブオイル ･･････････ 大さじ3

A
- 小麦粉 ･･････････････････ 大さじ2
- パセリ（刻む）････････････ 3本
- にんにく（すりおろし）･･････ 1片
- ターメリック ･･････････････ 小さじ1
- 塩 ･･････････････････････ 小さじ½
- 粗挽きこしょう ･････････ 小さじ½

◆作り方

下ごしらえをする
1 じゃがいもを柔らかくなるまで蒸して、皮をむき、つぶして冷ます。

具材を混ぜる
2 1にAを混ぜる。
3 卵をよくかき混ぜ、2に混ぜる。

形を作る
4 3を7等分にし、水で少し濡らした手で平たい円形にまとめる。

焼く
5 フライパンにオリーブオイルを熱し、4を中火で焼く。片面が色よく焼けたらそっと裏返して両面を焼く。

KHORESH-E KARAFS
コレシェ キャラフス

セロリのコレシュ

ひと株のセロリをぺろりと食べてしまう料理です。
ベジタリアンなら野菜だけでお試しあれ。

◆材料

セロリ	小1株
ミント	1パック
※またはドライミント大さじ⅔	
パセリ	1束
玉ねぎ	中1個
ラム肉（シチュー用）	200g
ドライレモン	2個
※またはレモン汁大さじ1	
A ┌ たかのつめ	3本
│ 塩、粗挽きこしょう、	
└ 　　　ターメリック	各小さじ½
薄力粉	大さじ1

◆作り方

下ごしらえをする

1 セロリは太い茎の部分の繊維を上からむき、葉と茎を5cmに切る。ミント、パセリ、玉ねぎは粗いみじん切りにする。ラム肉は食べやすい大きさに切る。ドライレモンはとがったもので数ヵ所穴を開けておく。

炒める

2 フライパンにサラダオイル大さじ1（分量外）を熱し、セロリの茎の部分を強火で炒める。葉の部分を加えて焦げ目が少しつくまで炒める。さらにパセリ→ミントの順に入れ、しんなりするまで炒める。

3 鍋にサラダオイル大さじ1（分量外）を熱し、玉ねぎを中火で炒める。色づいてきたら、ラム肉と**A**を加えてさらに炒め、弱火にして薄力粉を加え、軽く炒める。

煮込む

4 3の鍋に水3½カップとドライレモンと2を入れ、ふたをして弱火で1時間くらい煮る（レモン汁を使う場合には、火からおろす際に入れる）。

SALAD-E LABU
サラデ ラブ

ビーツサラダ オリーブオイル仕立て

ビーツの甘みを際立たせるドレッシングでめしあがれ。
切り方を変えれば、表情の違う一品に変身します。

◆材料

A
- 玉ねぎ …………… 中½個
- にんにく(すりおろし) …… ½片
- レモン汁 …………… 大さじ1
- フレッシュミント(みじん切り) …………… 大さじ1
- パセリ(みじん切り) …… 大さじ1
- オリーブオイル …… 大さじ1½
- 酢 …………… 少量
- 塩 …………… 小さじ⅓
- 粗挽きこしょう …… 小さじ½

ビーツ …………… 2個
塩 …………… 小さじ1

◆作り方

ドレッシングを作る
1 玉ねぎは薄切りにして1時間水にさらし、水気を切ってみじん切りにする。ほかのAの材料と混ぜる。

茹でる
2 鍋にビーツが隠れるくらいの湯を沸かし、塩とビーツを丸ごと入れる。ふたをして中火で1時間くらい茹でる。串がスッと通れば取り出す。

和える
3 ビーツは熱いうちに皮をむき、食べやすい大きさに切る。手早くAのドレッシングで和える。

切り方を変えてブラックオリーブを添えれば、こんなサラダにも。

ビーツは冬の風物詩

「ラブ！ ラブ！ あったまるよ！
体にいいよ！」
ビーツ売りは、茹で上がったばかりのビーツを串に刺して、屋台を飾ります。ラブとはペルシャ語でビーツのこと。ビーツは冬の風物詩です。

KAHO SEKANJEBIN
カフセカンジャビン

ロメインレタスの
スイートディップ

甘酸っぱいセカンジャビンシロップは
おやつやサラダとしてだけでなく薄めてジュースにもなります。

◆材料

酢 ……………………………… 360mℓ
砂糖 …………………………… 200g
ロメインレタス ………… お好みの量

◆作り方

シロップを作る

1 鍋で酢を沸騰させ、砂糖を加えてかき混ぜる。中火で5分くらい、半量になるまで煮詰めたら、冷ます。
2 ロメインレタスにシロップをつけて食べる。

ロメインレタスを食する風景

春の午後、近所の奥さんたちが中庭にキリムを敷いて車座になっています。おしゃべりの傍らにはロメインレタス。甘酢っぱいシロップをつけて食べています。

chapter 4

ماست

ヨーグルトを使った料理

ヨーグルトは、
いろいろなところで登場します。
ポロ（炊き込みごはん）の上にかけて食べたり、
生野菜のドレッシングになったり、カバブに添えたり。
料理の傍らには、ヨーグルトがあるのです。
煮込み料理に使えば、さっぱりとした味わいに。

KOFTEH-BA MAAST
クフテバ マス

ヨーグルトと
ミートボールのコレシュ

イランのどの家庭でも作られる伝統料理。
ヨーグルトを使ったさっぱりとした味わいです。

◆材料

A	鶏挽き肉	300g
	玉ねぎ（みじん切り）	中⅓個
	塩	小さじ½

サフラン水
… 熱湯大さじ1にサフランひとつまみ

B	シナモン	小さじ½
	カルダモン	小さじ½
	ターメリック	小さじ½
	クミン	小さじ½
	ドライバジル	大さじ½
	粗挽きこしょう	小さじ½

サラダオイル …… 大さじ1
ヨーグルト …… 2カップ
コーンスターチ …… 小さじ2
砂糖 …… 小さじ⅓
バター …… 15g
玉ねぎ …… 中1個
レモン汁 …… 小さじ1
アーモンドスライス …… 大さじ1
（オーブンでローストしておく）

◆作り方

ミートボールを作る

1 Aとサフラン水を半量、Bのスパイスの半量を混ぜ合わせ（*a*）、よくこねる。空気を抜き、手に薄く油（分量外）を塗って一口大のボール状に丸める（*b*）。

2 フライパンにサラダオイルを熱してミートボールを入れ、表面が焼けてきたら転がしながら、煮汁が透き通って色よくなるまで焼く（*c*）。

ヨーグルトソースを作る

3 ボウルにヨーグルトを入れ、泡立て器でよく攪拌する。水大さじ1に溶かしたコーンスターチと砂糖を加え、混ぜる。

煮込む

4 鍋にバターを熱し、みじん切りにした玉ねぎをきつね色になるまで炒める。Bの残り半量を加えて軽く炒めたら、水150mℓを加えて煮立てる。

5 沸騰したら2のミートボールを入れてふたをし、弱火で20分煮込み、残りのサフラン水を入れる。

6 3のヨーグルトソースを入れ、沸騰しないように弱火で10分くらい煮る。火からおろす直前にレモン汁を加える。

盛り付ける

7 皿に盛り、アーモンドスライスを散らす。

MAAST-O PANIR-O SABZI
マスト パニール オ サブジ

ヨーグルトチーズディップ

クラッカーやナンにつけて朝食や軽食に。
野菜スティックや温野菜にも合う爽やかなソースです。

◆材料

フェタチーズ（またはカッテージチーズ）
.... 80g
ヨーグルト 100g
A ┌ フレッシュミント、パセリ、
  │ バジル（すべて刻む）…各小さじ1
  │ 玉ねぎ（刻む）........... 小さじ1
  │ ブラックペパー............. 少量
  └ カイエンペパー............. 少量
塩.............................. 適宜
（カッテージチーズの場合入れる）
チャイブ（または小ねぎ）......... 適量

◆作り方

ディップソースを作る
1 フェタチーズを細かくほぐし、少量のヨーグルトで溶いて滑らかにする。
2 1と残りのヨーグルトとAをゆっくりと混ぜる。トッピングにチャイブを散らす。

MAAST KHIYAR
マス キヤ

きゅうりの ヨーグルトサラダ

冷製スープのようなサラダ。暑い日には氷を入れてナンとさっぱり食べたりします。

◆材料

きゅうり	1本
A ┌ フレッシュミント	3本
├ 小ねぎ（またはチャイブ）（刻む）	1本
├ ブラックペパー	少量
└ 塩	少量
ヨーグルト	250g
ディル	適量

◆作り方

下ごしらえをする
1 きゅうりは皮をむいてみじん切りにする。フレッシュミントは茎の硬い部分を除き、飾り用を残して細かく刻む。

混ぜる
2 ボウルにヨーグルトを入れ泡立て器で攪拌したら、きゅうりとAを混ぜる。器に移してフレッシュミントとディルを飾る。

BORANI-YE LABU
ボラニエ ラブ

ビーツの ヨーグルトサラダ

ビーツの和えもので、ユニークな食べ方です。

◆材料

ビーツ	2個
塩	小さじ1
A ┌ ヨーグルト	1½カップ
├ にんにく（すりおろし）	½片
├ ドライミント	小さじ2
├ 塩	小さじ⅓
└ 粗挽きこしょう	適量

◆作り方

茹でる
1 鍋にビーツが隠れるくらいの湯を沸かし、塩とビーツを丸ごと入れる。ふたをして中火で1時間くらい茹でる。串がスッと通る柔らかさになったら取り出す。
2 皮をむいて細切りにする。

和える
3 Aのヨーグルトソースの材料を合わせ、ビーツを和える。

057

BORANI-YE ESFENAJ
ボラニエ エスフェナジ

ほうれん草とヨーグルトのペースト

ボラニはヨーグルトで野菜や豆を和えた料理の総称です。
おいしいボラニとナンがあれば、ほかにはなんにもいらないほど。

◆材料

ほうれん草	1束
塩	ひとつまみ

A:
- ヨーグルト ………… 270ml
- フレッシュミント（みじん切り） ………… 大さじ1½
- 小ねぎ（みじん切り） ………… 3本
- にんにく（すりおろし） ………… ½片
- オリーブオイル ………… 大さじ1½
- 塩 ………… 小さじ½
- 粗挽きこしょう ………… 適宜

オリーブオイル	適宜
フレッシュミント	適宜

◆作り方

茹でる

1 ほうれん草は根に近い部分をよく洗い、鍋にたっぷりの湯を沸かして塩→ほうれん草の順に入れて3分茹でる。ざるに上げ、冷水にさらし、絞ってざく切りにする。

ヨーグルトソースを作る

2 Aを混ぜ合わせ、ほうれん草を和える。お好みでトッピングにオリーブオイル、フレッシュミントを散らす。

KASHK-E BADEMJAN
カシュケ バデンジャン

なすペーストとヨーグルトソース

シンプルで絶妙な組み合わせ。
奥深い味わいです。

◆材料

なす	中5本
塩	小さじ½
オリーブオイル（またはサラダオイル）	大さじ2
粗挽きこしょう	適量
A ┌ フェタチーズ	40g
├ ヨーグルト（またはカッテージチーズ、クリームチーズ）	½カップ
└ にんにく（すりおろし）	1片
ドライミント	小さじ1
ハーブ、ラディッシュ	適宜

◆作り方

下ごしらえをする
1 なすは皮をむいて2cmくらいの輪切りにする。全体に塩をふり、20分くらいおき水気を切る。

なすペーストを作る
2 熱したフライパンにオリーブオイルを熱し、なすがしんなりするまで強火で炒め、粗挽きこしょうをふる。冷めたらフードプロセッサーで粗めのペースト状にする。

ヨーグルトソースを作る
3 細かくしたフェタチーズと少量のヨーグルトをよく混ぜたら、残りのAを混ぜる。カッテージチーズかクリームチーズを使う場合は、塩（分量外）で味を調える。

盛り付ける
4 皿になすのペーストを敷き、ヨーグルトソースをかける。上からドライミントと熱したオリーブオイル小さじ2（分量外）を回しかける。お好みのハーブやラディッシュなどで飾る。

TAHCHIN
ターチン

ベリーと鶏肉のライスケーキ

卵とヨーグルト、サフランで、ひと味違う、きれいなお焦げが出来上がります。

◆材料

米	2合
鶏胸肉	200g
ドライバーベリー（またはドライラズベリー）	1/3カップ

A
- 玉ねぎ（すりおろし）…… 1/4カップ
- シナモン、カルダモン、クミンシード…… 各小さじ1/3
- サフラン水 …… 小さじ1

B
- ヨーグルト …… 1/3カップ
- 塩 …… 小さじ1/3

C
- サフラン水 …… 大さじ1
- 粗挽きこしょう …… 適宜
- 塩 …… 小さじ1/3

D
- 卵 …… 1/2個
- ヨーグルト …… 大さじ1
- サフラン水 …… 小さじ1
- 塩 …… 少量

◆作り方

米を茹でる

1 p21の**1**と**2**を参照。

下ごしらえをする

2 熱湯大さじ2にサフランひとつまみを入れ、サフラン水を作る。材料の**A**、**C**、**D**に分けて使う。

3 鶏胸肉を**A**のマリネソースに1時間以上浸け込む。

4 ドライバーベリーを水で洗い、湯に20分くらい浸し、ざるに上げる。サラダオイル大さじ1（分量外）で炒める。

焼く

5 **3**の鶏胸肉の両面をサラダオイル大さじ1（分量外）で焼く。粗熱を取り、食べやすい大きさに切り、**B**のヨーグルトソースに浸けておく。

米に混ぜる

6 **1**の米1/2合と**D**を混ぜる。

7 **1**の残りと**4**と**C**を混ぜる。

オーブンで焼く

8 ケーキ型などにサラダオイルを塗り、**6**を敷いてから**7**を半量入れる。その上に**5**を敷き、**7**の残りの米を入れて上から軽く押さえる。

9 アルミホイルをかけ、200度に予熱したオーブンに入れ、1時間焼く。

KALEH JOOSH
キャレ ジュッシュ

クルミとハーブ、ヨーグルトのスープ

一度味わうと虜になる、イスファハン州発祥の伝統的な家庭料理です。
全国各地で少しずつ作り方や具材が変わります。
ナンを小さくちぎって器のスープに入れて食べたりもします。

◆材料

- ヨーグルト ……………… 200g
- 小麦粉 …………………… 大さじ1
- 玉ねぎ(みじん切り) ……… 中1個
- にんにく(みじん切り) …… 2片
- オリーブオイル ………… 大さじ1
- バター …………………… 15g
- 塩、こしょう、ターメリック … 適量

A
- くるみ(フードプロセッサーか包丁で細かくする) … 大さじ3
- ブラウンマッシュルームなどのきのこ類 ……… 適量
- ドライミント ………… 大さじ2
- ドライフェネグリーク ………………… 大さじ1

◆作り方

下ごしらえをする

1 きのこ類はオーブンで軽く焼く。小麦粉を水30ml(分量外)で溶き、ヨーグルトに混ぜる。

炒めて煮る

2 鍋にオリーブオイルとバターを熱し、玉ねぎ、にんにくの順に炒め、少し色が変わってきたらAを入れてさらに炒め、水300ml(分量外)を加えて10〜15分弱火で煮る。

3 2から½カップを取り、1と混ぜる。

4 3をかき混ぜながら鍋に少しずつ戻し入れ、沸騰させないようにして、塩、こしょう、ターメリックを加えて20分くらい煮る。表面に油が浮いてきたら出来上がり。

※ホットミント(熱した少量のオイルにドライミントを入れたもの)やヨーグルト適量をトッピングするのもおすすめです。

Persian Column

絨毯 *Rug*

イランの家のほとんどの部屋には絨毯が敷かれています。
部屋いっぱいに敷いたり、余白を残したり、
何枚もの小さな絨毯を組み合わせて敷いたりと、
それぞれの家によってコーディネートはさまざまです。

ユニークな絨毯掃除

　絨毯を大切にするイランでは絨毯にまつわる仕事も多く、修理屋さんや掃除屋さんなどがいます。掃除屋さんはちょっとユニーク。年の暮れになると長い棒を持った男が「じゅうたんそうじ！　じゅうたんそうじ！（カリタカニ！カリタカニ！）といいながら現れ、外に出した絨毯を棒でばんばん叩いて掃除してくれるのです。頼めば石鹸で水洗いもしてくれます。

　こうして手入れし続けた絨毯もやがては薄くなって色も褪せてきますが、そうなると今度はピクニック用として活躍します。空の下で食事をしたり会話をしたりするのはとても気持ちがいいし、色が褪せた絨毯もまた美しいのです。

　有名な空飛ぶ絨毯はペルシャの話で、一説によれば北のカスピ海近くの古い城壁の下から見つかった13世紀の巻物に書かれていた物語なのだそう。なんだかそれ自体がミステリアスな話です。それにしても3000年以上といわれているペルシャ絨毯の歴史の中で、一枚くらい空を飛んだって何の不思議もないのかもしれません。

Embroidery

刺繍

絨毯や壁掛け、テーブル掛けなどの
イランの敷物の多くには、
美しい刺繍が施されています。
花やダイヨン（円形・卵形・六角形などの模様）を
モチーフとした刺繍は、
昔からよく見られるものです。

濃密な刺繍

　数年前に弟夫婦が日本に遊びに来たときのこと。義妹が「布が一番喜びそうな人に持っていてもらいたいわ」といって差し出したのが、小豆色をした細長い絹の布でした。縁には花模様、中央には大きなペルシャ模様が並んでいて、その内側にはベージュの糸が無数の十字を作っています。「こんな繊細な手仕事は今まで見たことない」と驚くと、「私のおばあさんが結婚したときに持って来たものよ」と、彼女はいいました。

　イランの結婚式では、横に並んだ新郎新婦の頭上に細長い布を広げ、両端を親類の女性が持って祝福します。前に置かれた机は美しい布で飾られ、その上には鏡やハーブやろうそく、はちみつが並べられます。この布もそんなことに使われた布だったのかもしれません。

　今の生活の中には、手をかけた緻密なものがあまりないので、この布があるだけで部屋の空気がぐっと濃密になります。

Lungi

ルンギ

イランにはルンギと呼ばれる布があります。
1畳ほどの大きさで、共同浴場に入る際の
腰巻きとして使われます。
地域によって多少の差はあるものの、
赤い生地に大柄の白と紺のチェックが
美しいデザインの布です。

腰巻き以外にも

　何世紀も続く共同浴場の天窓から差し込む光の下には、赤いルンギを巻いた人々。外には何枚もの干されたルンギがはためいています。こんな様子は、昔も今も変わらない、イランの風景です。

　街ではチャイハネ（喫茶店）の給仕がテーブルを拭くために折りたたんだルンギを肩にひょいとのせ、砂漠を走るトラック運転手は赤いルンギを片手に車の窓を拭いています。ルンギはイランの風景に彩りを添えているのです。

詩 Poem

イランの都会では、毎晩どこかで
「夜の詩」と呼ばれる詩会が開かれています。
有名無名問わない現代詩人の発表の場として、
古典的な詩の朗読会として、
人々はそれぞれ詩の世界を楽しみます。

美しい必需品

　日本でも有名な「ハーフェズ」は、14世紀のペルシャの詩人。美しい装丁の分厚い詩集は今もイランの家庭に一冊はあります。人々は、暮らしの中で気になることや迷いがあると、ハーフェズの本を無造作に開き、そこに書かれた詩に答えを見つけるのです。

　家庭だけでなく、街中にもハーフェズは溢れています。チャイハネ(喫茶店)や路上などには、「ハーフェズの預言詩」と書かれた鳥かごを持っているおじさんがいます。鳥かごには、一羽の鳥とたくさんの封筒が入っていて、代金を払うと、鳥は封筒を一枚くわえてかごの外に差し出してくるのです。そこに書かれた一編の詩が未来を暗示するもの、というわけです。

　そして、今やハーフェズの預言詩はネット上にも登場し、世界を駆け巡っています。さて、今日の運勢をクリックしてみると……。

バラは美しいもの。
忘れないで、
バラは庭に現れてすぐに去ってゆきます。
——チャンスを逃すな、という意味かな?

花 Flower

イランでは、花は見た目の美しさだけでなく、
気持ちを伝えるもの。
日常の会話に耳を傾けてみると、
さりげなく花にたとえて使われていることが
よくあることに気づきます。

花にたとえて

　近所の人から料理をおすそわけをしてもらったとき。イランではそのお皿に、お礼の気持ちを込めて、一輪の花か一枚の葉っぱを載せて返します。「人の好意をモノで返さない」という心遣いからです。

　花にたとえることは、何気ない日常会話の中にもよくあります。たとえば、同じ部屋にいる人に背を向けることがあると、「失礼します」と声をかけ、その返し言葉として「お花に裏も表もないわ」と答えたりするのです。

　また、子どもに「僕と弟のどっちが好き?」と聞かれたお母さんは、「お花の香りはひとつずつ違うのよ」と答えたりします。

chapter 5

حبوبات

体にやさしい豆料理

ペルシャ料理は豆をよく使います。
豆の種類もたくさんあります。
それぞれの豆に合った素材との組み合わせで、
ペーストや煮込みやスープになります。
包容力のある豆の味は、
他の素材をやさしく包み込んでくれます。

DIZZI
ディージー

ひよこ豆とラムのスープ

「壺焼きシチュー」ともいえるこの一品は、
ナンとハーブとフレッシュオニオンをセットでいただきます。

◆材料
ひよこ豆	30g
白いんげん豆	20g
玉ねぎ	中1個
トマト	中1個
ドライレモン	1個（またはレモン汁大さじ½）
ラム肉（シチュー用）	300g
米	大さじ1
塩	小さじ½
粗挽きこしょう	小さじ⅓
ターメリック	小さじ½

◆作り方

下ごしらえをする

1 ひよこ豆、白いんげん豆は一晩水に浸けてもどす。

2 玉ねぎは¼に切り、トマトは湯むきしてざく切りにする。ドライレモンは数ヵ所穴を開ける。

煮込む

3 鍋に水4½カップとすべての材料を入れ、ふたをして弱火で2時間以上煮る。時々あくをすくう。レモン汁を使う場合は、火からをおろす際に入れる。

ディージーの食べ方

ディージーとは調理用の素焼き壺のこと。ディージーには独特の食べ方があります。まずはナンを細かくちぎって空の皿の上に。そこへ、壺の中からスープだけを注ぎます。熱々の壺をつかむために、ナンを鍋つかみ代わりに使っていたことも。壺の中に残された具は、専用の道具で潰して別の皿に。それをナンにのせて食べたりします。

KHORAK-E LUBIA
コラッケ ルビア

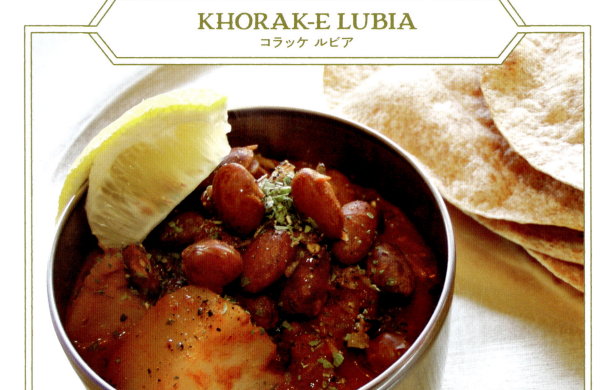

うずら豆とマジョラムの煮込み

マジョラムと豆との相性は抜群。香りも食欲をそそります。

◆材料

うずら豆	150g
※または水煮のうずら豆かレッドキドニー 230g（固形量）	
玉ねぎ	中1個
にんにく	1片
じゃがいも	中2個
トマト	中2個
A　たかのつめ	2本
薄力粉	小さじ1
塩	小さじ2/3
ドライマジョラム（またはゴルパ（アンジェリカ））	小さじ2
レモン	適宜

◆作り方

下ごしらえをする

1 うずら豆は一晩水に浸けてもどす。

2 鍋に水4カップとうずら豆を入れ、弱火で1時間くらい柔らかくなるまで煮る。ふたは少しずらして、時々あくをすくう。

3 玉ねぎはみじん切り、にんにくはごく細い千切り、じゃがいもは皮をむいて一口大に切る。トマトは湯むきしてざく切りにする。

炒める

4 熱したフライパンにオリーブオイル大さじ1（分量外）を入れ、玉ねぎを軽く炒めてにんにくを入れる。香り立ってきたらAを上から順に入れ、塩をふって中火で炒める。

煮込む

5 2に4とじゃがいもとトマトを入れ、弱火で25分くらい煮る。さらにドライマジョラムを半量入れて5分煮る。

盛り付ける

6 皿に移して残りのドライマジョラムをふって、熱したオリーブオイル大さじ1（分量外）を回しかける。お好みでレモン汁をかける。

MAASH POLOW
マッシュ ポロ

緑豆のポロ

緑豆と玉ねぎが互いに旨味を引き出し合い、シンプルな組み合わせながら奥深い味わいです。
南イランのデズフール周辺ではデーツシロップとねりごまをかけていただきます。

◆材料

米	1½合
緑豆	100g
玉ねぎ	3個
揚げ油	適量
バター	20g
クミンシード(ホール)	大さじ1
塩、粗挽きこしょう	適量

◆作り方

下ごしらえをする

1 緑豆を12時間以上水に浸し、ざるに上げる。

フライドオニオンを作る

2 玉ねぎをスライスして、2個分を揚げる。はじめは強火で、色づき始めたら中火でカリカリの黄金色になるまで揚げる。1個分は揚げずにとっておく→★。

緑豆を炒めて煮る

3 鍋に玉ねぎを揚げた油大さじ2を熱し、緑豆を中火で2〜3分炒める。炒めることで緑豆の皮が剥がれにくくなる。水3カップと塩小さじ½を加え、中火で10分くらい、ふたをせずに緑豆に半分火が通るまで煮る。ざるに上げて水を切る。水は捨てずに取っておく→◆。

米を茹でる

4 p21の1と2を参照。米をざるに上げる前に3の緑豆を混ぜてから、水を切る。

米を炊く

5 深めの鍋を熱し、バター10gと玉ねぎを揚げた油大さじ1を入れ、★の玉ねぎを敷き詰めて塩、粗挽きこしょうをふる。その上に4の半分を敷き、フライドオニオンとクミンシード、塩、粗挽きこしょうをふる。同じ要領で残りの4を敷き詰め山形を作る。◆の水½カップを回しかけ、バター10gを上にのせる。箸を鍋底まで刺し、空気穴を数ヶ所開ける。

6 P21の4と5を参照して、米を炊く。

KHORESH-E QEYME BAMIEH
コレシェ ケイメ バミエ

豆とオクラとマトンのコレシュ

家庭でもレストランでもよく食べるコレシュ。
オクラやなすをいんげんに替えたり、豆と肉だけのもあります。

◆材料

イエロースプリット豆	50g
玉ねぎ	中1個
じゃがいも	大1個
ラム肉（シチュー用）	200g
トマト缶（または生）	180g

A
- たかのつめ … 2本
- ターメリック … 小さじ½
- シナモン … 小さじ½
- 粗挽きこしょう … 小さじ½
- 塩 … 小さじ½

ドライレモン	1個

※またはレモン汁大さじ1

薄力粉	小さじ1
オクラ	1パック(10本くらい)

B
- 粗挽きこしょう … 少量
- 塩 … 少量

◆作り方

下ごしらえをする

1 鍋に水3カップとイエロースプリット豆を入れて火にかけ、沸騰したら弱火にしてふきこぼれないようにふたをずらす。柔らかくなるまで30分くらい煮る。形が崩れる前に火からおろし、煮汁と豆を別にする。

2 玉ねぎは薄切り、じゃがいもは細切り、たかのつめは切れ目を入れる。ラム肉は食べやすい大きさに、生のトマトを使う場合は湯むきしてざく切りにする。ドライレモンは数ヵ所穴を開ける。

炒める

3 鍋にサラダオイル大さじ1（分量外）を熱し、中火で玉ねぎを炒める。色づいてきたらラム肉を入れ、少し焦げ目がつくまでさらに炒める。Aを加えて弱火にする。薄力粉を入れて1分炒め、トマトを加える。

4 フライパンにサラダオイル大さじ1（分量外）を熱し、強火で丸ごとのオクラを焦げ目がつくまで炒める。さらにBを加えて軽く炒める。

煮込む

5 3に豆の煮汁2½カップ（足りない場合は水を足す）とドライレモンを入れ、ふたをして弱火で30分煮る。

6 火からおろして冷ます。ラム肉とドライレモン以外をミキサーにかけ、再び鍋に戻して火にかける。

7 1の豆を入れて15分煮る。さらに4のオクラを入れて15分煮る（レモン汁を使う場合は火からおろす際に加える）。

揚げる

8 出来上がりの10分前に、180度に熱したサラダオイル（分量外）にじゃがいもを入れ、中火で空気にさらしながらカラッと揚げて油をよく切る。

盛り付ける

9 7を器に移して8のじゃがいもをのせる。
※6は省いてもよい。

BORANI-YE NOOKHOOD
ボラニエ ノコッド

ひよこ豆とヨーグルトのペースト

サイドディッシュにしたり、ナンやクラッカーにのせたり
簡単な食事にもなります。

◆材料

ひよこ豆	200g
たかのつめ	3本
塩	小さじ1
にんにく（すりおろし）	1片
A ヨーグルト	1カップ
サワークリーム	大さじ1
レモン汁、クミンシード	各小さじ1
こしょう	適量
塩	小さじ1/3
オリーブオイル	大さじ1
バター	15g
アーモンド（スライスかスリーバード）	適量
B ヨーグルト、サワークリーム	各大さじ1
ブラックペパー、フレッシュミント	各適宜

◆作り方

下ごしらえをする
1 ひよこ豆は一晩水に浸ける。

煮る
2 鍋に水5カップとひよこ豆とたかのつめを入れ、火にかける。時々あくをとりながら、ふたをして1時間煮たら、塩を加えて弱火で30分煮る。柔らかくなったら火からおろし、スープとひよこ豆を別にする。ひよこ豆の薄皮をむき、飾り用を少し別にしておく。

3 ひよこ豆とにんにく、Aをフードプロセッサーに入れてペースト状にする。

焼く
4 耐熱容器に薄くバター（分量外）を塗り、3を入れてバターとアーモンドをのせ、250度のオーブンで15分焼く。

盛り付ける
5 Bのヨーグルトソースを上から回しかける。お好みでブラックペパーをふり、飾り用ひよこ豆とフレッシュミントをのせる。

DAL
ダル

ダル（豆カレー）

豆とトマトとにんにく。このシンプルな食材が、
思いのほか深い味に仕上がります。

◆材料

A ┌ にんにく ………………… 2片
　├ クミンシード ………… 小さじ½
　└ マスタードシード …… 小さじ½
トマト …………………… 中2個
レンズ豆（赤） …………… 200g
B ┌ ターメリック ………… 小さじ½
　└ カイエンペッパー …… 小さじ½
塩 ………………………… 小さじ½

◆作り方

下ごしらえをする

1 Aのにんにくは細い千切りに、トマトは熱湯にくぐらせ皮をむき、ざく切りにする。

2 鍋に水4カップとレンズ豆を入れ中火にかける。あくや泡をとりながら、ふきこぼれないようにふたを少しずらして30分くらい煮る。

炒める

3 別の鍋にオリーブオイル大さじ1（分量外）とAを入れて弱火で炒める。香り立ってきたらB→トマトの順に入れて、油が分離するまでさらに炒める。

煮込む

4 2と3を合わせ、時々かき混ぜながら弱火で30分煮て、塩を入れる。

盛り付ける

5 皿に移し、熱したオリーブオイル大さじ1（分量外）を回しかける。

HALEEM ADAS BA BADEMJAN
ハリム アダス バ バデンジャン

レンズ豆と麦となすのペースト

ナンやクラッカーにのせても
そのまま食べてもおいしい、ひと皿です。

◆材料

A ┌ レンズ豆 …………………… 30g
  │ 米 ………………………… 大さじ1
  └ オートミール …………… 30g
塩 …………………………… 小さじ½
牛乳 ………………………… 100㎖
玉ねぎ ……………………… 中½個
なす ………………………… 中3本
バター ……………………… 10g
オリーブオイル …………… 大さじ1
粗挽きこしょう …………… 小さじ½
B ┌ ヨーグルト ……………… 大さじ2
  └ サワークリーム ………… 大さじ2
フレッシュミント ………… 適宜

◆作り方

下ごしらえをする

1 鍋にAと水540㎖を入れ、中火で20分煮る。塩をふり、牛乳を少しずつ加える。木べらでかき混ぜながら15分煮る。

2 玉ねぎはみじん切り、なすは皮をむいて1cmの輪切りにする。

炒め煮する

3 フライパンにバターとオリーブオイルを熱し、強火で玉ねぎとなすを炒める。少し焦げ目がついたら水⅓カップを注ぎ、ふたをして5分煮る。なすは飾り用を少し別にしておく。

煮込む

4 1と3を合わせてミキサーにかける。鍋に戻し入れ、粗挽きこしょうを加えて弱火で5分くらい煮る。焦げないように時々かき混ぜる。

5 Cのヨーグルトソースをトッピング用に少し残して、火からおろす際に加えて混ぜる。

盛り付ける

6 皿に移してヨーグルトソースをかけ、なすとお好みでフレッシュミントをのせる。

SANDALI SOLTAN
サンダリ ソルタン

そら豆のペースト

「王様の椅子」という不思議な名前の料理。
小ねぎがよく合います。

◆材料

そら豆（外皮のない状態）		200g
にんにく（すりおろし）		½片
A	粗挽きこしょう	小さじ½
	ターメリック	小さじ⅓
	カイエンペパー	少量（お好みで）
	塩	小さじ½
	オリーブオイル	大さじ1
B	ドライレモンパウダー	適量
	※またはレモン汁小さじ1	
	粗挽きこしょう	適量
オリーブオイル（またはバター）		大さじ1
小ねぎ		数本

◆作り方

下ごしらえをする

1 鍋に湯をたっぷり入れて沸かし、塩ひとつまみ（分量外）とそら豆を入れて2分くらい茹でる。柔らかくなったらざるに上げ、冷まして皮をむく。

2 すり鉢などでそら豆をつぶす。

煮詰める

3 鍋に水50mlと**2**のそら豆、**A**とにんにくを入れ、ペースト状になるまで5分くらい煮る。

盛り付ける

4 皿に移し、**B**と熱したオリーブオイルを回しかける。小ねぎを添える。

ADAS POLOW BA MAYGU
アダス ポロ バ メグ

レンズ豆と海老のポロ

南イランでは海老とレーズンを、
他の地域では鶏とデーツを使います。

◆材料

米	2合
レンズ豆	60g
玉ねぎ	中1個
むき海老	200g
A [シナモン、ターメリック / 粗挽きこしょう、塩]	各少量
B [クルミ（粗いみじん切り）	40g
レーズン	40g
シナモン	小さじ1
ターメリック	小さじ1/4
粗挽きこしょう	小さじ1/3
塩]	小さじ1/2
バター	10g
塩	小さじ1/3

◆作り方

米を茹でる

1 p21の**1**と**2**を参照。

下ごしらえをする

2 鍋に水2カップとレンズ豆を入れ沸騰させる。中火で15〜20分くらいふたを少しずらして煮る。形が崩れない程度に柔らかくなったら、ざるに上げて水を切る。

3 玉ねぎは粗いみじん切り、海老は背わたをとって水洗いし、水気をとったら**A**と混ぜる。レーズンはぬるま湯に浸けて柔らかくなったら水気を切る。

炒める

4 フライパンにサラダオイル大さじ1（分量外）とバターを熱し、強火で玉ねぎを炒める。色づいてきたら海老と**B**を上から順に入れて炒める。海老に火が通ったら火からおろし、海老だけ別にしておく。残りを**2**のレンズ豆とともに**1**の鍋に混ぜる。塩をふる。

米を炊く

5 p21の**3**と**4**を参照。

6 火からおろす5分前に海老を入れる。

BAGHALA POLOW
バガラ ポロ

そら豆とディルのポロ

魚や肉とよく合う一品。
そら豆をいんげん豆に替えたり、ディルだけのものもあります。

◆材料

ディル	20g
※乾燥ディルの場合は⅓カップ	
にんにく	2片
そら豆(外皮を除いて)	200g
クミンシード	小さじ½
A ┌ ターメリック	小さじ⅓
／ 粗挽きこしょう	小さじ⅓
└ 塩	小さじ½
米	2合
柚子の皮	適量

◆作り方

下ごしらえをする

1 ディルは細かく刻み、にんにくはごく細い千切りにする。乾燥ディルの場合は5分くらい水に浸し、目の細かいざるに上げ、水分を切る。

2 鍋に湯を沸かし、塩ひとつまみ(分量外)を入れ、内皮のついたそら豆を3分茹でる。ざるに上げたら皮をむく。

炒める

3 フライパンにサラダオイル大さじ1(分量外)とにんにく、クミンシードを入れ、弱火で香りよく炒め、ディルを入れて焦げない程度に中火で炒める。さらにAを加えて軽く炒める。

米を茹でる

4 p21の**1**と**2**を参照。

米を混ぜる

5 **4**の米に**3**を混ぜる。

米を炊く

6 p21の**3**と**4**を参照。火からおろす5分前に**2**のそら豆を入れる。

盛り付ける

7 炊き上がったごはんに熱したサラダオイル大さじ1(分量外)を回しかけ、鍋底のお焦げ以外を混ぜる。トッピングに柚子の皮を散らす。

ADASI
アダシィ

レンズ豆のスープ

昔からよく食べられているスープです。家庭でも作りますが、バザールのチャイカネ（茶店）の朝食としても人気です。ブラックペパー、レモンを添え、ナンとともにいただきます。

◆材料

レンズ豆	120g
オートミール	20g
玉ねぎ（みじん切り）	中1個
サラダオイル	大さじ1
バター	10g
A ┌ 塩	小さじ½
├ ターメリック	小さじ½
├ ブラックペパー	小さじ½
└ クミン	小さじ½
レモン	適宜

◆作り方

下ごしらえをする

1 レンズ豆を水に1時間浸し、水気を切る。

炒める

2 フライパンにサラダオイルとバターを熱し、玉ねぎを炒める。黄金色になったらAを加えて1分くらい炒める。

煮る

3 鍋に1とオートミール、水600㎖（分量外）を入れて火にかける。沸騰したら火を弱め、20分煮る。2の玉ねぎを加え、さらに20分煮る。鍋の中で軽く潰し、さらに好みの濃度になるまで10分くらい煮る。

盛り付ける

4 器に盛り、好みでカットしたレモンを添える。

※お好みでフライドオニオン（p69の2参照）をのせても美味しい。

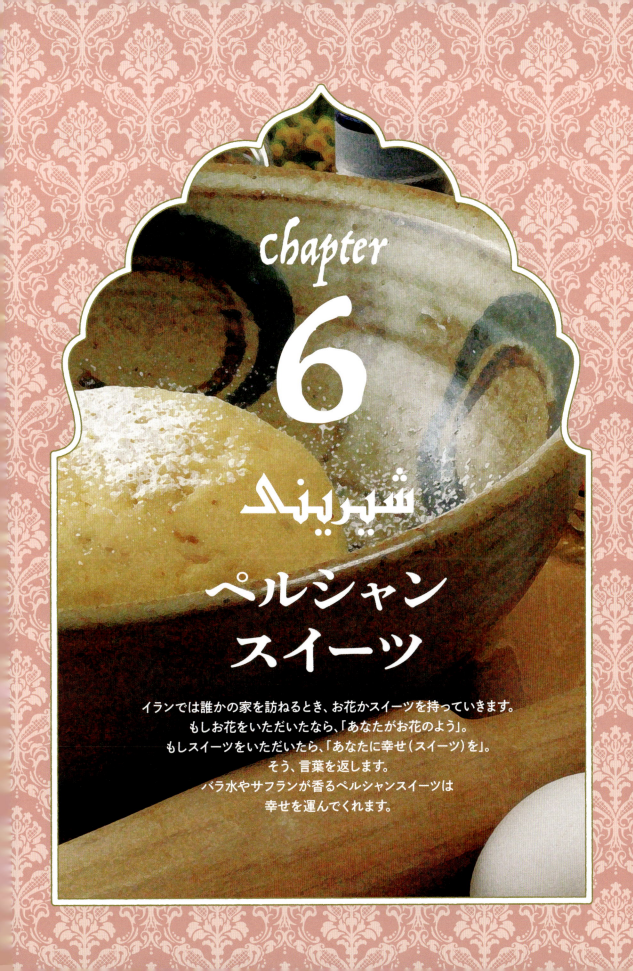

chapter 6

شیرینی

ペルシャン
スイーツ

イランでは誰かの家を訪ねるとき、お花かスイーツを持っていきます。
もしお花をいただいたなら、「あなたがお花のよう」。
もしスイーツをいただいたら、「あなたに幸せ（スイーツ）を」。
そう、言葉を返します。
バラ水やサフランが香るペルシャンスイーツは
幸せを運んでくれます。

NAN BERENJI
ナン ブレンチ

バラ水のライスクッキー

ブレンチとは米のこと。
小麦粉とは違う、ほろっと崩れる食感を楽しんでください。

◆材料

- A
  - 上新粉 ……………… 200g
  - ベーキングパウダー … 小さじ½
  - カルダモン ………… 小さじ1
- バター ………………………… 100g
- グラニュー糖 ………………… 100g
- 卵 ……………………………… 1個
- ローズウォーター ………… 大さじ2
- ブラックポピーシード …… 小さじ2

◆作り方

生地を作る

1 Aを合わせてふるいにかける。

2 湯煎したバターを泡立て器で撹拌する。マヨネーズよりやや硬めくらいで白っぽくなったら、グラニュー糖を少しずつ加える。さらに、溶きほぐした卵黄→ローズウォーターの順に入れてよく混ぜる。

3 卵白を角が立つまで充分に泡立て、2にゆっくりと混ぜる。1を3回に分けて加え、練らずに混ぜ合わせる。

4 ひとまとめにしてラップをかけ、冷蔵庫で半日以上ねかせる。

型抜きする

5 テーブルに打ち粉をして生地を5mm厚さにのばす。クッキー型で抜き、ブラックポピーシードをのせる。

焼く

6 オーブンシートを敷いた天板に5を並べ、150度に熱したオーブンで30分くらい焼く。

RENGINAK
レンゲナック

デーツのスペシャルソース添え

「天国のフルーツ」ともいわれるデーツ。
スペシャルソースと合わせていただきます。

◆材料

デーツ	20個
クルミ	40g
サラダオイル	50㎖
薄力粉	70g
砂糖	40g
A ┌ シナモン	小さじ1½
｜ ナツメグ	小さじ¼
└ カルダモン	小さじ1
グリーンピスタチオ（刻む）	大さじ1

◆作り方

下ごしらえをする

1 デーツは2つ割りにし、種を除いてクルミを詰める。

ソースを作る

2 フライパンにサラダオイルを熱し、薄力粉を茶こしなどでふるいながら入れ、弱火で黄金色になるまで木べらで返しながら10分くらい炒める。砂糖とA（トッピング用に少し残しておく）を加え、軽く炒めたら火からおろす。

盛り付ける

3 平たい皿に1のデーツを並べて2のソースをかける。Aを軽くふり、グリーンピスタチオを散らす。

出世フルーツ

デーツは熟す過程で呼び名の変わる「出世フルーツ」。まだ黄色い水々しいうちをカラック、やがて半分色が変わるとロタッヴ、全体が赤黒くなり芳醇な甘さになるコルマ、カリカリに乾燥させたものをデイリと呼びます。

SOHAN ASALI
ソハン アサリ

サフラン タフィ

来客をもてなす時に紅茶といっしょに出される、
定番スイーツの一つです。

◆材料

A ┌ グラニュー糖 …………… 60g
　├ はちみつ ……………… 大さじ2
　└ 無塩バター …………… 30g
アーモンドスリーバード …… 100g
サフラン ………………… ひとつまみ
グリーンピスタチオ（刻む）
　………………………… 大さじ1½

◆作り方

煮る

1 鍋にAを入れ、時々木べらでかき混ぜながら弱火で5分煮る。

2 アーモンドを入れて3分煮る。黄金色になったらサフランを入れて弱火で3〜4分煮る。氷水を用意して、スプーンで鍋の中身をすくい、少量落としてすぐに固まれば、火からおろす。

3 オーブンシートを敷いた天板に**2**をスプーンで落とし、冷めないうちにグリーンピスタチオをのせる。冷めたらパレットナイフなどではがして密閉容器で保存する。

※熱いので、扱いや味見には注意してください。

KULUCHE
クルチェ

クミン入り焼き菓子

クルチェはおやつに食べたり朝食にしたり。
新年にも作ります。

◆材料

A ┌ 薄力粉 ………………… 100g
  │ 強力粉 ………………… 200g
  │ ベーキングパウダー
  └ ………………… 小さじ½
バター（またはサラダオイル）…… 100g
クミンシード ………………… 小さじ2
砂糖 ………………………… 100g

◆作り方

生地を作る

1 Aを合わせてふるいにかける。湯煎したバターを入れ、手でよくもんでクミンシードを加える。

2 熱湯⅓カップに砂糖を入れて溶かし、温かいうちに1と混ぜる。まとまってきたらテーブルにのせてこねる。

型取りする

3 テーブルに打ち粉をして、麺棒でひし形にのばす。ようじなどで穴を深くたくさん開ける。

4 ひし形の1辺を5等分して、25個の小さなひし形を作る(**a**)。

焼く

5 オーブンシートを敷いた天板に、1cmくらいの間隔をあけて4を並べる。200度に熱したオーブンで5分、さらに180度にして20分くらい焼く。

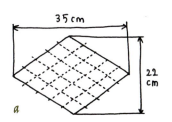

a

SHOLEH ZARD
ショレ ザード

サフランプディング

熱々でも冷たくてもおいしいデザートです。

◆材料
- 米 …… 1合
- グラニュー糖 …… 150g
- A
  - バター …… 40g
  - アーモンドスリーバード …… ¼カップ（30g）
  - サフラン水…熱湯小さじ2にサフランひとつまみ
  - ローズウォーター …… 大さじ5
- カルダモン …… 小さじ½
- B
  - シナモン …… 大さじ1
  - グラニュー糖 …… 大さじ½
- 溶かしバター …… 大さじ1
- グリーンピスタチオ（刻む） …… 大さじ1

◆作り方

茹でる

1 鍋に水5カップと洗った米を入れて火にかける。沸騰するまで米どうしがくっつかないようにゆっくりとかき混ぜる。

2 ふきこぼれないようにふたをずらして、弱火で30分茹でる。

3 グラニュー糖と湯3カップを入れてさらに30分、時々かき混ぜながら茹でる。

4 Aを入れてさらに30分茹でる。火からおろす際にカルダモンを加える。

盛り付ける

5 熱いうちに皿に移し、Bをかける。溶かしバターを回しかけ、ピスタチオを散らす。

FERNI
フェンニ

牛乳のライスカスタード

さっぱりとした味わいはお口直しにもぴったりです。

◆材料
- 上新粉 …… 50g
- 牛乳 …… 2½カップ
- 砂糖 …… 50g
- ローズウォーター …… 小さじ2
  ※またはカルダモン少量
- アーモンドスライス …… 少量

◆作り方

混ぜる

1 鍋に水270mlと上新粉、牛乳を入れてよく混ぜる。

2 木べらでかき混ぜながら中火で14分、砂糖を加えてさらに1分加熱する。火からおろす際にローズウォーターを入れる。

盛り付ける

3 熱いうちにカップに移し、アーモンドスライスをのせる。

SHIR BERENJ
シー ブレンチ

クリーミィライスプディング
冷やしてはちみつやジャムを添えても。

◆材料
- 米……………… ½合
- 牛乳…………… 3カップ
- A
  - ローズウォーター……… 大さじ1½
  - 生クリーム……… 70㎖
  - カルダモン…… 小さじ1
- シナモン……………… 適宜

◆作り方

茹でる
1 鍋に水1½カップと米を入れて中火で10～15分茹でる。牛乳を加え、時々かき混ぜながら弱火で30分茹でる。火からおろす際にAを加える。

盛り付ける
2 温かいうちに器に移し、お好みでシナモンをふる。

HALVA
ハルワ

バラ水の小麦あん
温かくても冷めてもおいしく、紅茶によく合います。

◆材料
- グラニュー糖………… 100g
- サフラン水…熱湯大さじ2にサフランひとつまみ
- ローズウォーター…… 大さじ2
- 薄力粉………………… 125g
- バター………………… 70g

◆作り方

砂糖湯を作る
1 水80㎖とグラニュー糖を鍋に入れて火にかける。グラニュー糖が溶けたらサフラン水とローズウォーターを入れ、再び沸騰させて火からおろす。

炒める
2 フライパンに薄力粉を入れ、木べらでかき混ぜながら弱火で5分から炒りして容器に移す。

3 フライパンにバターを溶かし、2の薄力粉を茶こしなどでふるいながら入れる。木べらで混ぜながら、弱火できつね色になるまで20分くらい炒める。

盛り付ける
4 3が温かいうちに、1を少しずつかき混ぜながら入れる。入れ終わったら火からおろし、皿にのばして模様を入れる。

085

Persian Style

ペルシャンドリンク
〜ハーバルドリンク&ソフトドリンク〜

日本人が緑茶を飲むのと同じ感覚で、イランの人は紅茶を好みます。
基本のプレーンな紅茶にばら水（ローズウォーター）を数滴落としたり、
ポットにサフランをひとつまみ入れてサフランティーにしたり。
ホールカルダモンを割って入れればカルダモンティーの出来上がりです。
いつもの紅茶で、違う味わいを楽しめます。

ペルシャンハーバルドリンク
PERSIAN HERBAL DRINKS

イランには100種類以上のハーブドリンクがあり、
古くから街中にはアタリと呼ばれるハーブを売るお店があります。

1
ハイビスカスティー
ハイビスカスの花にはたくさんのビタミンCが含まれています。美容によく、冷やして飲めば夏の疲れも癒してくれます。

◆材料　ドライハイビスカス＋熱湯＋砂糖（またははちみつ）

2
ミントティー
代謝をよくしてくれるミント。消化、冷え性、食欲増進にも効果的です。

◆材料　フレッシュミント（またはドライミント）＋熱湯

3
バラ水のジュース
バラのやさしくて豊かな香りが、緊張を和らげ、明るい気持ちにしてくれます。

◆材料　バラ水（ローズウォーター）＋砂糖シロップ（熱湯に砂糖を溶かし冷ましたもの）＋レモン汁＋氷水＋好みでサフラン水

4
サフランジュース
血行をよくして、穏やかな気持ちにさせてくれます。不眠や婦人病、風邪のときなどによく飲まれます。

◆材料　サフランひとつまみ＋砂糖シロップ（熱湯に砂糖を溶かし冷ましたもの）＋氷水＋好みでバラ水

ペルシャンソフトドリンク
PERSIAN SOFT DRINKS

街中のジュースバーや家庭で作るソフトドリンクは、
この他にもフレッシュフルーツやシェイクなど、たくさんあります。

1
セカンジャビンジュース

来客にはまずこの一杯。夏の暑い日におすすめです。

◆材料　セカンジャビンシロップ(p.52)＋フレッシュミント＋氷水

2
いちじくミルク

冷蔵庫で一晩おいて、翌朝飲みましょう。整腸作用があるといわれています。

◆材料　乾燥いちじく＋牛乳

3
ソルティヨーグルトドリンク

イランでは瓶で売られています。カバブとよく合います。

◆材料　ヨーグルト＋ソーダ水または氷水＋フレッシュミント＋塩(お好みで砂糖)

4
キャロットジュースフロート

ジュースバーで人気のあるメニュー。にんじんとアイスの組み合わせは、意外にもおいしいのです。

◆材料　にんじんジュース＋バニラアイス

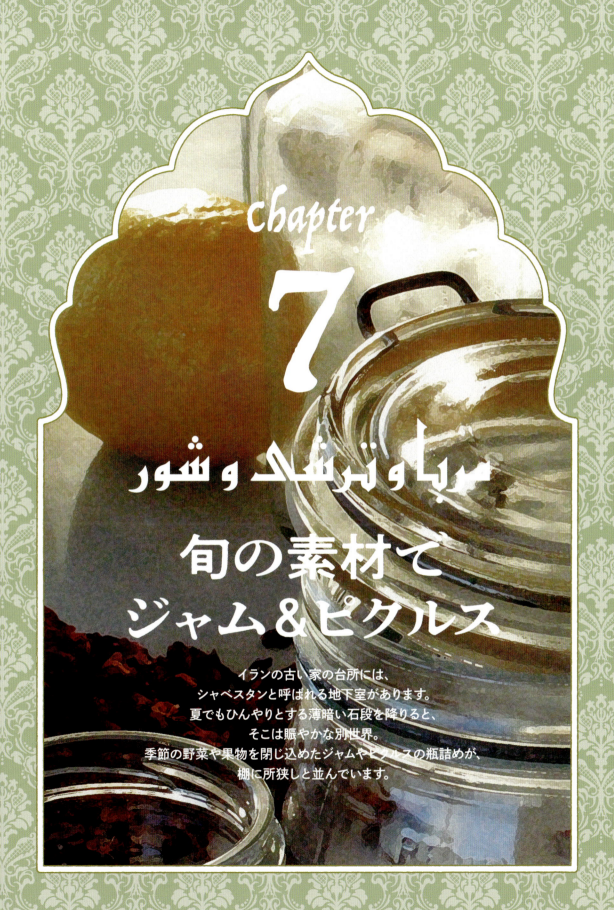

chapter 7

مربا و ترشی و شور

旬の素材で
ジャム＆ピクルス

イランの古い家の台所には、
シャベスタンと呼ばれる地下室があります。
夏でもひんやりとする薄暗い石段を降りると、
そこは賑やかな別世界。
季節の野菜や果物を閉じ込めたジャムやピクルスの瓶詰めが、
棚に所狭しと並んでいます。

MORABA-YE GOL
モラバイェ ゴル

バラの花びらのジャム

バラの季節、イランの八百屋さんにはバラの花びらが並び、店もバラの香りに包まれます。

◆材料

バラの花びら(乾燥ハーブティー用)
　　　　　　　　　　　　　　10g
グラニュー糖………………… 140g
ローズウォーター………… 大さじ2
レモン(ライム)汁………… 大さじ1

◆作り方

下ごしらえする
1 花びらを軽く洗って3時間くらい水に浸したら、ざるに上げて水を切る。

煮詰める
2 鍋に水2カップと**1**を入れ、沸騰するまでは強火に、その後は中火にして10分煮る。

3 ざるで濾して、花びらと水とを別にする。水を鍋に戻し、グラニュー糖を入れて木べらで混ぜながら中火で10分くらい煮る。

4 花びらを加えて、時々かき混ぜながら弱火でふたをして25分くらい煮詰める。シロップがはちみつくらいのかたさになったら、ローズウォーター、レモン汁を入れて、ひと煮立ちさせる。

保存する
5 粗熱を取り、熱湯消毒した容器で保存する。

MORABA-YE BEH
モラバイェ ベ

かりんのジャム

煮詰めたかりんにレモン果汁を入れた瞬間、目が覚めるような鮮やかな赤い色に変わります。

◆材料
かりん	1個
グラニュー糖	160g
カルダモン	小さじ1/3
※またはホールカルダモン3粒分の種
| クローブ | 3粒 |
| レモン(ライム)汁 | 大さじ1½ |

◆作り方

下ごしらえ

1 かりんは皮をむき、4つ割りにして種を取り除き、薄切りにする。酢を数滴(分量外)入れた水にくぐらせ、変色を防ぐ。種は料理用ネットに入れておく。

煮詰める

2 鍋に水1カップ、水気を切ったかりん、ネットに入れた種を入れて火にかける。沸騰するまで強火で、その後は弱火にし、ふたをして15分煮る。

3 種を取り出し、グラニュー糖、カルダモン、クローブを加えてふたをし、弱火で40分煮る。レモン汁を加えて、時々かき混ぜながら、さらに40分煮る。

保存する

4 粗熱を取り、熱湯消毒した容器で保存する。

MORABA-YE HAVIJ
モラバイェ ハヴィッジ

にんじんとアーモンドのジャム

にんじんの甘みに、アーモンドの食感がアクセント。

◆材料
にんじん	中2本
グラニュー糖	200g
アーモンドスリーバード	10g
カルダモン	小さじ1/3
ローズウォーター、レモン(ライム)汁	各大さじ1½

◆作り方

下ごしらえをする

1 にんじんは皮をむいて、3cmくらいの千切りにする。

煮詰める

2 鍋にグラニュー糖と水1¼カップを入れ、木べらでかき混ぜながら5分火にかける。にんじんを入れ、時々かき混ぜながら弱火で30分煮詰める。

3 シロップがはちみつくらいのかたさになったら、アーモンドとカルダモン、ローズウォーター、レモン汁を入れ、5分煮る。

保存する

4 粗熱を取り、熱湯消毒した容器で保存する。

TORSHI-YE KHORMALU
トシエ コルマル

柿のピクルス

フルーティな「ソース」のようなピクルス。
カレーの付け合わせやソテーのソース、ドレッシングにも。

◆材料

柿	中2個
にんにく	3片
ポピーシード	小さじ1
デーツ	6個
酢	100㎖

A:
- レモン（ライム）汁 ………… 大さじ2
- マスタードパウダー ………… 小さじ½
- ブラックペパー ……… 小さじ½
- ナツメグ ………… 小さじ¼
- シナモン ………… 小さじ½
- カルダモン ………… 小さじ½
  ※ホールカルダモンの場合4粒分の種
- クローブ ………… 小さじ½
  ※ホールクローブの場合は4粒
- 塩 ………… 小さじ½
- カイエンペパー …… お好みの量

◆作り方

下ごしらえをする
1 柿は皮をむき、種を除いてざく切り、にんにくはつぶす。ポピーシードはから炒りして**A**と混ぜる。

煮る
2 種を除いて2つ割りにしたデーツと酢を鍋に入れ、柔らかくなるまで5分くらい煮て、鍋の中でつぶす。

浸ける
3 熱湯消毒した容器に**1**を入れ、粗熱を取った**2**を注いで保存する。1週間後からが食べごろ。

KHIYAR SHOOR
キヤ ショー

きゅうりのピクルス

甘みを使わない締まった味は
いろいろな料理と楽しめます。

◆材料

小さいきゅうり	350g
にんにく	3片
A ┌ 青とうがらし	6本
├ フレッシュディル	2本
├ フレッシュタラゴン	3本
└ クローブ	5粒
酢	2¼カップ

◆作り方

下ごしらえをする

1 小さいきゅうりを洗って水気を切ったら粗塩大さじ½(分量外)をふる。ざるに入れて2〜3時間おく。にんにくは皮をむく。

漬ける

2 熱湯消毒した厚手のガラス瓶に**1**と**A**を入れる。

3 鍋に水150mlと酢、粗塩大さじ1½(分量外)を入れて沸騰させる。熱いうちに**2**に注ぎ、粗熱を取って保存する。1週間後からが食べごろ。

TORSHI-YE MAKHLOOT
トシエ マクルート

野菜のピクルス

サラダ代わりにお手軽に食べられる、
とても便利な一品です。

◆材料

A ┌ カリフラワー	中1個
├ にんじん	中1本
├ セロリ	1本
├ 青とうがらし	5本
├ 小玉ねぎ	5個
└ にんにく	1株
B ┌ ブラックペッパー(粒)	大さじ1
├ たかのつめ	5本
└ ベイリーフ	5枚
C ┌ 酢	2½カップ
├ 砂糖	小さじ1
└ 塩	大さじ2

◆作り方

下ごしらえをする

1 **A**の野菜を洗って水気をふき、食べやすい大きさに切る。ただしにんにくと小玉ねぎは皮をむくだけ。

浸ける

2 熱湯消毒した容器に、**A**と**B**を入れる。

3 鍋に水180mlと**C**を入れて沸騰させる。熱いうちに**2**に注ぎ、粗熱を取って保存する。1週間後からが食べごろ。

～ Persian Column ～

Tile タイル

タイルの起源は
メソポタミア文明までさかのぼります。
日干し煉瓦に色付けしたものから始まり、
紀元前7〜8世紀には世界初の
釉薬を使ったタイルが登場しました。

装飾性の高い華やかな文化

　タイルは初めは建材として使われていましたが、次第に装飾性を帯びて、後にモスクや教会などに使われるような、美しい彩色や幾何学模様などの華やかなタイル文化へと発展しました。日本には6世紀に百済から入り、寺院の敷き瓦として使われたといわれています。

Pottery 陶器

はるか昔に生まれたイランの陶器。
食器や花瓶だけでなく、
陶製のタイルも作られてきました。
美しい彩色を施されたタイルは、
モスクや駅や学校など、
あらゆるところで使われています。

忘れられない陶器

　ある日、イランのバザールで銀細工の店をなにげなく見ていたときのこと。銀細工専門店であるはずなのに、奥の棚に並ぶ湯のみ茶碗ほどの大きさの器。丁寧に細工が施された数々の銀製品の中で、まるで一人足を投げ出して座っているかのようなたたずまいです。

　「それ、見せてください」と指差していうと、店主は隣の銀の水差しに手をかけました。「いえ、その隣の器」というと、店主は首をすくめながら手渡してくれました。どうやらこれは売り物ではなく、彼が店で食事をとる際に使っているもののようでした。お礼をいって値段を聞くと、笑って器を譲ってくれました。

Glass グラス

ガラスの起源ははるかメソポタミア時代。イランでもさまざまな技法が生み出され、発色の美しいグラスは、ペルシャングラスの象徴ともいわれるようになりました。

音色が漂うグラス

　イランに帰るたびに、親戚や友人たちからペルシャングラスをよくもらいます。自分でも気に入ったグラスを買い集めていたら、いつのまにか手元にたくさん集まりました。水差しはアンティークのレプリカ。口に丸い栓がついたグラスは、バラ水を入れるもので、艶のない半透明のガラスが静かに光を通します。大小違うものを並べると首の長いもの、口をつきだしたものとリズムが生まれて面白い。

　窓辺に置いてしばらく眺めているとサントール（ピアノの原型といわれるペルシャの楽器）の音色が聞こえてきそうです。僕がそんなことを思っていたら、日本人の友人が同じことをいいました。同じ水脈から出たものが一つはガラスになり、一つはサントールの音色になったようだ、と。

Jewelry ジュエリー

イランでは伝統的な習慣として、金銀などのアクセサリーを身につけます。バザールには手作りの一点ものの美しいジュエリーやアンティークジュエリーが並び、街行く人たちの足をとめます。

不思議なジュエリーショップ

　イランに帰ると必ず立ち寄る店があります。3畳ほどの小さなジュエリーショップ。店の奥の小さなテーブルが店主の作業場です。気が向いたときだけ店を開けるのか閉まっていることが多いので、滞在中何度も足を運ぶことになります。そうして運よく彼に会えると、数年ぶりだというのに、以前僕が何を買ったかを驚くほどよく覚えています。友人にこの話をすると、「君はすっかり物価事情に疎くなってしまって、言い値で買っていく珍しい客だからだよ」といって笑います。

　ところでこの店には一つ不思議なことがあります。僕が訪れるたびに、店主の友人2～3人がいつも狭い店内でチャイを飲みながら団らんしているのですが、数年経ってもいつも同じ顔ぶれ、座っている場所さえ変わらないのです。

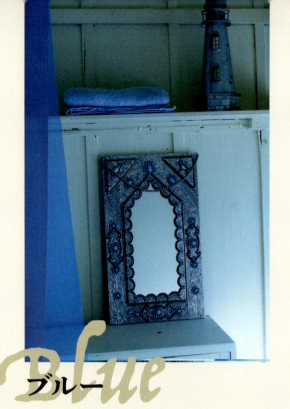

ブルー

ペルシャのイメージを
色にたとえるなら、それはブルー。
ペルシャの古都イスファハンには、
ブルータイルで埋め尽くされたドームなどが
青空の下で輝き、ブルーシティの名を
ほしいままにしています。

ペルシャンターコイズ

　イランの北東部にネシャブという町があります。古代初の大学ができたり、多くの詩人を輩出するなど、かつてのシルクロードの拠点としての繁栄ぶりをうかがい知ることができます。
　ターコイズの産出地でも知られるネシャブ。ネシャブの夜の町の美しさをさして「ネシャブのターコイズの夜」という言葉があるほどです。ターコイズの起源は紀元前3000年までさかのぼり、エジプトとともに世界最古といわれています。明るく華やかで混じりけのないブルーのペルシャンターコイズは最高級品として各地に運ばれ、それは今もなお続いています。ヨーロッパにはトルコ商人が持ち込んだため、ターコイズ（トルコ石）と呼ばれるようになりました。
　古くから邪気をはらう石として、神聖なものとされてきたターコイズは、人からもらったもののほうが効力を発揮するともいわれています。それを知ってのことかどうか、僕は友人からターコイズで装飾された鏡をもらいました。

バザール

イランの古いバザールは、
生鮮品からチャイハネ（喫茶店）まで、
ところによってはモスクまでそろう
一大ショッピングモール。
金物を扱う区域に近付くと、
金属を叩くリズム音が聞こえてきます。

銀細工の工人

　バザールにある銀細工専門店の奥の工房には、たいてい数人の工人がいて、細かい模様をひとつひとつ叩いて浮き上がらせていく様子が窺えます。こうした様子は、昔からずっと変わらない風景ですが、昔モンゴル軍がペルシャに侵入したとき、工人たちの多くがモンゴルの支配地に連れ去られたといわれています。

Special

مهمانی

ペルシャン
ホームパーティー

「お客様は神様の贈り物」とイランではよくいわれます。
知人や親類を呼ぶホームパーティーには、
色とりどりの家庭料理がずらりと並びます。
「最高のシェフ」であるお母さんの腕の見せどころです。

PISH GAZA
ピシ ガザ

ペルシャン アラカルト

季節のハーブやフルーツ、野菜、ナッツやチーズなどを大皿に盛り付け、
好みの組み合わせでナンやパンに挟んでいただきます。
ピクニックパーティーのランチに、ディナーパーティーでは前菜にもなります。

◆**材料**（すべてお好みのもの）

ナンまたはパン

チーズ
- フェタチーズ、カッテージチーズ、クリームチーズなど

フレッシュハーブ
- ミント、バジル、チャイブ、タラゴン、コリアンダー、ルッコラなど

フルーツ
- ブドウ、メロン、スイカ、イチジクなど

野菜
- トマト、二十日大根、きゅうり、玉ねぎ、小ねぎなど

その他
- クルミなどのナッツ、ピクルスなど

◆**作り方**

材料を切る
1 材料をナンやパンに挟みやすい適当な大きさに切る。

盛り付ける
2 すべての材料を大皿に盛り付ける。

季節ごとの組み合わせが楽しい！

たとえば、よくフェタチーズとブドウとハーブをナンに挟んでいただきますが、季節が巡れば、ブドウをスイカやイチジク、トマトやキュウリに変えていただくことも。こうして季節を感じながら、さらにナッツやピクルスを加えたりして、自由にさまざまな食べ方を楽しむことができるのがペルシャンアラカルトなのです。

SALAD-E OLIVIEH
サラデ オリヴィエ

ピクルスと鶏肉と卵の ポテトサラダ

パーティーのテーブルに必ず並ぶサラデオリヴィエ。好きな型に入れて、ピクルスやオリーブで飾ります。

◆材料

じゃがいも	中3個
オリーブオイル	大さじ2
鶏ささみ	100g
卵	2個
グリーンピース	50g
きゅうりのピクルス(p93参照)	80g
A マヨネーズ	50g
レモン汁	小さじ2
サワークリーム	大さじ2
塩	小さじ½
こしょう	少量
ブラックオリーブ	適量

◆作り方

下ごしらえする

1 丸ごとのじゃがいもを強火で40分以上、芯まで柔らかくなるまで蒸かし、熱いうちに皮をむいてつぶす。オリーブオイルを混ぜる。

2 鍋に水½カップと鶏ささみを入れ、強火で沸騰させ、塩とこしょうをひとつまみ(分量外)入れる。鶏ささみに火が通るまで中火で5分くらい茹でる。中まで火が通ったら火からおろし、鶏ささみは細く裂き、茹で汁は別にしておく。

3 鍋に水を入れ、卵を中火で12分茹でる。水に浸けて冷まし、殻をむいて細かく刻む。

4 鍋に湯を入れ沸かし、塩少々(分量外)とグリーンピースを入れ強火で3分くらい硬めに茹でる。ざるに上げ、飾り用は別にしておく。

5 きゅうりのピクルスは飾り用を残して、細かく刻む。

6 1～5(2の茹で汁は除く)とAを混ぜ合わせる。2の鶏の茹で汁で硬さを調整する。

型取りする

7 オーブンペーパーを敷いた型に6を入れ、上から押さえる。(a～c)

盛り付ける

8 型取りしたら(d)ブラックオリーブ、グリーンピース、ピクルスを飾る。

RESHTEH POLOW
レシテ ポロ

麺の入ったポロ

まるで宝石をちりばめたよう。
長い麺が縁起ものとして新年によく作られます。

◆材料

米	2合
乾麺（きしめん、そうめんなど）	80g
玉ねぎ	小1個
デーツ	5個
レーズン	20g
A オレンジ（またはゆず）の皮	½個分
グリーンピスタチオ	適宜
バラの花びら	適宜
砂糖	大さじ½
クミンシード	小さじ½
サフラン水	熱湯大さじ2にサフランひとつまみ
B シナモン	小さじ½
カルダモン	小さじ½
塩	小さじ⅓

◆作り方

米を茹でる

1 p21の**1**と**2**を参照。

下ごしらえをする

2 中華鍋にサラダオイルを熱し、乾麺を中火できつね色になるまで揚げ焼きにし、油を切る。飾り用は別にしておく。

3 玉ねぎは薄切りに、デーツは2つ割りにして種を取り除く。レーズンはぬるま湯に20分くらい浸けて柔らかくなったら水気を切る。

オレンジピールを作る

4 オレンジの皮の白い部分を取り除き、3分茹でて水にさらす（ゆずを使う場合はそのまま使う）。これを3回繰り返し、渋みを取りのぞく。鍋に皮とひたひたの水を入れて熱し、沸騰したら砂糖を入れて中火で5分煮る。火からおろして水気を取り、千切りにする。

炒める

5 フライパンにサラダオイル（またはバター）大さじ1（分量外）を熱し、玉ねぎとクミンシードを炒める。玉ねぎが色づいてきたらレーズン、デーツ、**B**を加えて軽く炒める。火からおろして米と混ぜる。

米を炊く

6 p21の**3**を参照。山形にした米の上にサフラン水を回しかける。

7 p21の**4**を参照。火からおろす5分前に**2**の麺を入れる。

盛り付ける

8 よく混ぜて器に移し、**A**と別にしておいた**2**の麺を飾る。

101

SANDWICH-E SHIRAKO
サンドヴィジェ シラコ

白子サンド

イランで人気の、羊の脳みそをはさんだサンドウィッチ。
白子を使って日本風にアレンジしました。

◆材料

玉ねぎ	中1/3個
白子	370g
塩	小さじ1/2
レモン汁	大さじ1
A 薄力粉	大さじ2
粗挽きこしょう	小さじ1/2
ターメリック	小さじ2 1/2
カイエンペパー（お好みで）	小さじ1/2
卵	1個
パセリ（みじん切り）	大さじ2
バター	20g
コッペパン（またはパニーニ）	5本
フレッシュハーブ（パセリ、コリアンダー、チャービルなど）	適量
きゅうりのピクルス	適量
レモン（またはライム）	適量

◆作り方

下ごしらえをする

1 玉ねぎを薄切りにして水に1時間以上浸け、ざるに取って水を切る。

2 白子は洗って水気を取り、食べやすい大きさに切って塩とレモン汁をふる。**A**を混ぜ合わせ、半量を茶こしでふるってまんべんなくまぶす。

3 ボウルに卵を溶きほぐし、白子をひとつずつくぐらせ、パセリを両面にまぶす。**A**の残りを全体にまぶす。残った卵はとっておく。

焼く

4 フライパンにバターを熱し、白子を入れる。中火で片側が色よく焼けたら裏返す。

5 **3**の残った卵を流し込んでふたをし、中火で3分焼く。さらにふたを開けて卵がかたくならない程度に水分をとばす。

パンにはさむ

6 コッペパンをオーブンで焼き、**5**とお好みのフレッシュハーブ、**1**の玉ねぎ、きゅうりのピクルスをはさみ、レモンを搾る。

パンにはさまなければ、おかずにもなります。オリーブを添えて盛り付けましょう。

KOUPEH
クッペ

ペルシャン焼きおにぎり

おにぎり一つにペルシャらしさが詰まっています。
お焦げのおいしさも味わえます。

10cm × 10cmのオーブンペーパー

◆材料

米	2合
卵	1個
ターメリック	小さじ½
塩	小さじ¼
粗挽きこしょう	小さじ½
イエロースプリット豆	⅓カップ
玉ねぎ	中½個

A
- クルミ … ⅓カップ
- レーズン … 20g
- シナモン … 小さじ½
- サフラン水 … 熱湯小さじ1にサフランひとつまみ
- 塩 … 小さじ⅓

サラダオイル … 大さじ1
挽き肉(ラム、牛、鶏などお好みで) … 100g

◆作り方

米を炊く
1 炊飯器で少し軟らかめに米を炊き、米粒が半分くらい残るようにすりこぎでつぶす。溶き卵とターメリックと塩と粗挽きこしょうを入れる。

下ごしらえをする
2 イエロースプリット豆は形が崩れない程度に柔らかくなるまで煮て、水気を取る。

3 玉ねぎはみじん切り、クルミは粗いみじん切りにする。レーズンはぬるま湯に20分くらい浸けて柔らかくなったら水気を取る。

炒める
4 フライパンにサラダオイルを熱し、玉ねぎを中火で色づくまで炒めたら、挽き肉を入れる。透明な脂が出てきたら、2とAを入れて軽く炒める。

おにぎりを作る
5 1のごはんを手のひら大に薄くのばしたものを24個作る。4を12等分にして、2個のごはんで4をサンドする。このとき、オーブンペーパーにごはんに具をのせたものを12個(*a*)、ごはんだけのものを12個作って(*b*)、オーブンペーパーのまま包み込むと、平たい円形のおにぎりを作りやすい。

6 フライパンにサラダオイル(分量外)を熱し、おにぎりの両面を色よく焼く。

Persian Style

ペルシャの食事風景
〜外での食事と毎日の食卓〜

ペルシャ料理の外食といえば、カバブ。
ラム肉、ビーフ、チキンなどを串に刺して炭火で焼いたものです。
もくもくと煙をあげながら焼かれた
出来立てのカバブはとてもおいしいですが
ここでは、カバブを家庭で作るレシピと
イランでの毎日の食卓について紹介します。

外での食事

50cmくらいの金属製の串に、ラムやビーフの挽き肉、チキンを刺して焼いたものが「ジュジェカバブ」。これにライスがセットになったものを「チェロカバブ」といいます。カバブは外で食べることが多いですが、家庭で作ることももちろんあります。ナンとハーブ、フレッシュオニオン、ヨーグルト、ピクルスといっしょにいただきます。

チキンカバブ
JUJEH KABAB ジュジェカバブ

◆材料

- 鶏もも肉 ………… 300g
- 鶏手羽元 ……… 4〜5本
- 玉ねぎ ………… 中1/2個
- にんにく ………… 1片
- サフラン …… ひとつまみ
- A
  - ヨーグルト … 大さじ2
  - レモン汁 …… 大さじ1
  - 粗挽きこしょう
    ………… 小さじ1/2
  - オリーブオイル
    ………… 大さじ1
  - 塩 ………… 小さじ1
- チェリートマト … 1パック
- 溶かしバター ……… 適宜

◆作り方

下ごしらえをする
1 鶏もも肉は4cm角くらいに切る。鶏手羽元は数ヵ所切り込みを入れる。

マリネソースを作る
2 玉ねぎは薄切りに、にんにくはつぶし、サフランは細かくする。
3 2とAを混ぜる。

肉を漬け込む
4 ボウルに1の鶏肉を入れ、3のマリネソースと混ぜる。冷蔵庫で3〜24時間ねかせる。

焼く
5 4の鶏肉とチェリートマトを金串に刺し、炭火で焼く。オーブンの場合は、250度で天板の上に網をのせて20分くらい焼く。どちらの場合も時々串を回しながら溶かしバターを塗る。

ビーフカバブ
KABAB-E KUBIDEH カバブエクビデ

◆材料

- 玉ねぎ ………… 中1個
- A
  - 牛挽き肉 ……… 500g
  - ターメリック
    ………… 小さじ1/2
  - ブラックペパー
    ………… 小さじ1/2
  - 塩 ………… 小さじ1
- 溶かしバター ……… 適宜
- ゆかり（またはスマック）
  ……………… 適宜

◆作り方

下ごしらえをする
1 玉ねぎは細かいみじん切りにして、Aを混ぜ合わせる。10分くらいこね、冷蔵庫で30分ねかせる。

形取る
2 手を水で濡らしてから、1を7等分にして少し大きめの笹かまぼこ形にする。焼く直前まで冷蔵庫で冷やす。

焼く
3 天板にサラダオイル（分量外）を薄く敷き、2を並べて250度のオーブンで15分焼く（炭火で焼いてもよい）。時々返して、溶かしバターを塗る。

盛り付ける
4 3を皿に移し、ゆかりを散らす。

毎日の食卓

イランでは、朝食と昼食はしっかりで夕食は軽めに、というのが基本です。ごく普通の家庭での日常的な食事を覗いてみましょう。

Breakfast 朝食

ナン、ハリム（麦粥）、フェタチーズ、クルミ、フレッシュハーブ、生クリーム、ジャム、紅茶、ジュース

Lunch 昼食

ナン、サフランライス、チキンカバブと焼きトマト、フレッシュハーブ、コレシュ、ピクルス、ソルティヨーグルトドリンク（ドッグ）

Dinner 夕食

ナン、ハーブオムレツ、野菜スープ、フレッシュハーブ、ヨーグルト、フルーツのデザート

Spices & Herbs
ペルシャ料理に使うスパイス&ハーブ

ペルシャ料理では、ハーブやスパイスがふんだんに使われます。
イランの家庭の台所には、これらの調味料がずらりと並んでいるのです。

スパイス類

サフラン
性質 温性
効能 風邪・精神安定・生理不順

ターメリック
性質 温性
効能 鼓腸・胃腸強化・黄疸・利尿作用

パプリカ
性質 温性
効能 胃腸強化

ナツメグ
性質 温性・乾性
効能 胃腸障害・制嘔・歯痛緩和

シナモン
性質 温性
効能 食欲増進・胃腸障害・抗菌

カイエンペパー
性質 温性・乾性
効能 消化促進・風邪・発汗

ポピーシード(ブルー)
性質 温性・乾性
効能 不眠・胃腸障害・精神安定

クミンシード
性質 温性
効能 消化促進・コレステロール低下・脂肪燃焼・鎮痛

マスタードシード
性質 温性
効能 消化促進・脂肪燃焼

カルダモン
性質 温性・乾性
効能 胃腸障害・鼓腸・利尿作用

ドライフルーツ

クローブ
性質 温性・乾性
効能 胃腸障害・消化促進・精神安定・歯痛緩和

スマック
性質 冷性・乾性
効能 消化促進・抗菌・血液浄化

ドライレモン
性質 冷性・乾性
効能 血液浄化・解熱・血圧降下

ゼレシュク(バーベリー)
性質 冷性
効能 整腸作用・血液浄化・食欲増進

タマリンド
性質 冷性
効能 消化促進・代謝促進・鼓腸

イラン産料理別ミックスハーブ

ハーブ類

コリアンダー
性質 冷性
効能 殺菌・整腸作用・口内炎・食欲増進

タラゴン
性質 温性・乾性
効能 抗菌・胃腸障害・消化促進

ベイリーフ
性質 温性
効能 肝臓強化・胃腸強化・食欲増進・発汗

バジル
性質 温性
効能 胃食欲増進・心臓強化・頭痛・抗うつ・母乳増進

チャイブ
性質 温性
効能 消化促進・発汗・代謝促進・殺菌・血圧降下

ミント
性質 温性・乾性
効能 胃酸過多・消化促進・コレステロール低下

イタリアンパセリ
性質 温性
効能 血圧降下・腎臓強化・肺機能強化

ディル
性質 温性・乾性
効能 血圧降下・胆石・生理不順・食欲増進・コレステロール低下

チャービル
性質 温性
効能 風邪・発汗作用・血圧降下

フェネグリーク
性質 温性・乾性
効能 コレステロール低下・利尿作用・消化促進・血糖値低下

調味料

マジョラム
性質 温性
効能 心臓強化・血圧降下・消化促進・癒傷

ゴルパ（アンジェリカ）
性質 温性・乾性
効能 食欲促進・呼吸器疾患

ローズウォーター
性質 温性
効能 リラックス・ほてり・二日酔い・消炎・抗うつ作用

ライムジュース
性質 冷性
効能 消化促進・抗菌

ザクロペースト
性質 冷性
効能 血液浄化・貧血

Shop List　ペルシャ料理に使う食材取り扱い店

◆ イランの食材

DARVISH SHOP
ダルビシュ ショップ

ザクロペースト・ローズウォーター・ドライレモン・ライス・豆類・ドライフルーツ・ナッツ・調味料など

東京都中央区日本橋小伝馬町 18-4
☎ 03-6661-9848
🕐 12:00 〜 22:00
㊡ 月曜
※電話にて注文＆発送も可

ペルシャ貿易

ザクロペースト・ローズウォーター・ドライレモン・ライス・ドライフルーツ・ナッツ・調味料など

東京都大田区田園調布 2-36-1
☎ 03-3721-9751
🕐 9:00 〜 18:00
㊡ 土日祝
https://www.persia-trd.co.jp/
※電話にて注文＆発送も可

◆ スパイス・ハーブ・調味料

富澤商店

https://tomiz.com/

紀ノ国屋 インターナショナル（青山店）

東京都港区北青山 3-11-7 Ao ビル地下 1 階
☎ 03-5946-8566
🕐 9:30 〜 21:00

成城石井 成城店

東京都世田谷区成城 6-11-4
☎ 03-3482-0111
🕐 9:30 〜 23:00

明治屋 広尾ストアー

東京都渋谷区広尾 5-6-6 広尾プラザ 1 階
☎ 03-3444-6221
🕐 10:00 〜 20:00
https://meidi-ya-store.com/store_all/hiroo_store/

ナショナル麻布

東京都港区南麻布 4-5-2
☎ 03-3442-3181
🕐 9:00 〜 20:00
http://www.national-azabu.com/

＊ その他、インド料理の食材を取り扱うお店などでも、スパイスやハーブを探すことができます。

＊ 時期や店舗により、品揃えや在庫に変化がございます。

＊ こちらの記載の情報は 2024 年 12 月時点のものです。

おわりに

Thank you. ママンとアガジュン（お父さん）。
おいしい料理を教えてくれて。
Thank you. 日本の友達。
おいしい！と言ってくれて。
Thank you. 土器典美さん、松井由香里さん、
榎本紗智さん、星野愛実さんをはじめとする
河出書房新社のみなさん、門司智子さん。
幸運な巡り合わせでこの本が生まれました。
Thank you. この本を手にしてくれるみなさん。
みなさんの食卓が幸せでいっぱいになりますように。

―レザ ラハバ

レザの作ったペルシャ料理を初めて食べたときの驚き。
見知らぬ扉がすっと開いて、
一歩踏み出した、ペルシャ冒険旅行。
イランの日常や遥か昔のペルシャの話、
詩やアートのことなどを聞くうちに、
これが料理の背景にあるものと気づきました。
この深淵なペルシャンワールドを、
少しでも、写真と文章で表現できたでしょうか。

―長谷川朝子

Profile

レザ ラハバ　M.Reza Rahbar

イラン生まれ。母国を離れ、インドで大学院修了後、85年に来日。長谷川朝子とともに多くの美術館や教会、店舗の壁画制作や店舗のビジュアルプロデュース、グラフィックデザインなどを手がける。料理教室、絵の個展やペルシャ詩の朗読会などを開催。料理はアート。母から伝授されたペルシャ料理には定評がある。「おいしいレシピには、魔法がある。どんどん広がって人を幸せにする」
http://www.cafepersia.net
https://www.instagram.com/reza.rah.39904/

長谷川朝子　Tomoko Hasegawa

企業で商品開発およびプロダクトデザインを手がけ、各地を旅行した後に独立。レザ ラハバとともに多くの美術館、教会、店舗の壁画制作やビジュアルプロデュース、グラフィックデザインを手がけるほか、イラスト、パッケージや玩具、文具などのデザインや企画など幅広く活動。絵画は故軽部興氏に師事した。本書では撮影、スタイリングを担当。

Staff

ブックデザイン　いわながさとこ
編集　門司智子

> 本書は2009年9月小社刊『家庭で楽しむペルシャ料理』に新しいレシピを加え、再編集したものです。

本書の内容に関するお問い合わせは、お手紙かメール(jitsuyou@kawade.co.jp)にて承ります。恐縮ですが、お電話でのお問い合わせはご遠慮くださいますようお願いいたします。

家庭で楽しむペルシャ料理

2025年1月20日 初版印刷
2025年1月30日 初版発行

著 者	レザ ラハバ 長谷川朝子
発行者	小野寺優
発行所	株式会社河出書房新社 〒162-8544 東京都新宿区東五軒町2-13 電話　03-3404-1201（営業） 　　　03-3404-8611（編集） https://www.kawade.co.jp/
印刷・製本	TOPPANクロレ株式会社

Printed in Japan
ISBN978-4-309-29460-5

落丁本・乱丁本はお取り替えいたします。
本書のコピー、スキャン、デジタル化等の無断複製は著作権法上での例外を除き禁じられています。本書を代行業者等の第三者に依頼してスキャンやデジタル化することは、いかなる場合も著作権法違反となります。

ギリシャ
Greece

Turkey
トルコ

シリア
Syria

Eastern Mediterranean
東地中海

Lebanon
レバノン

Israel
イスラエル

Jordan
ヨルダン

エジプト
Egypt